任性出版

白話金融

國際金融專家，
曾任美國銀行證券公司副總裁、
瑞士信貸證券部助理副總裁

陳思進——著

財富自由的基礎知識，
利率、股票、槓桿、匯率、房地產……
人人能看懂，天天可活用。

目次

推薦序

掌握金融知識，讓你通往財富自由之路

極上國際執行長、《闖出人生好業績》作者／陳詩慧

《白話金融》探討了財富自由的基礎知識，以平易近人的方式解釋金融領域的重要概念，這些主題對於個人財務管理、投資決策以及理解金融市場運作都非常重要。透過本書作者淺顯易懂的解說，能使你快速掌握這些知識，**進而運用於自己的財務規畫和投資選擇之中。**

閱讀本書後，我的領悟是：2023 年的台股有如彗星撞地球；上市櫃公司營收衰退一成、獲利衰退三成，為什麼股市大漲 25％？

2023 年 1 月 3 日，美元兌新臺幣匯率 30.7 元，台股加權指數 14,223.12 點；到了 2023 年 12 月 29 日封關收盤，美元兌新臺幣匯率 30.74 元，台股加權指數 17,930.81 點。匯率相近，指數卻差了 3,707 點，背後隱藏的意義是什麼？

若將匯率與台股歷史拉開兩年來看：2022 年 1 月 3 日時，台股加權指數 18,270.51 點，美元兌新臺幣匯率 27.63 元。

2023 年底，美元兌新臺幣匯率為 30.74 元，股市卻逼近 18,000 點，是否漲多了？若新臺幣繼續升值到 27.63 元，台股會漲到兩萬點嗎？股市是預測未來，2023 年漲那麼多，是因為把要漲的指數先發

動漲起來了嗎？若是如此，2024 年股市是否不會漲那麼多，而是溫和成長嗎？

人工智慧（Artificial Intelligence，縮寫為 AI）題材是 2023 年股市最熱門的話題，可以從出口產業類別得到驗證。海關進出口貿易統計，出口主要貨品中，資通與視聽產品為成長關鍵引擎，隨著電腦及其附屬單元（如顯示卡、伺服器等）買氣倍增，出口總值成長 74.0％，金額為 93.7 億美元，規模及增幅均創歷年單月最佳；其餘貨類則呈跌勢，基本金屬、塑化產品減少逾一成。2023 年 1 月至 11 月，多數貨品出口呈雙位數衰退。

2023 年上半年，臺灣出口值曲線呈現負成長，至 5 月時已衰退兩成（參考右頁圖表 1）。但從下半年起經濟開始復甦，由此可知電子業庫存已逐月減少。

2022 年，臺灣出口值在 400 億美元上下，2024 年若可以再回到 400 億美元，代表整個經濟復甦將回歸至 2022 年水準，甚至因為 AI 相關產業，有可能發展得更好。臺灣在 AI 世界的地位非常重要，若沒有台積電幫 Nvidia、AMD 做晶圓代工，整個 AI 產業將無法如此快速發展。

2024 年台股會繼續漲嗎？從《白話金融》教我們的匯率知識來看，外資在 2023 年 11 月時匯入新臺幣 3,521 億元，創史上單月匯入新高，12 月時又再匯入 1,800 億（參考右頁圖表 2），兩個月內便匯入新臺幣 5,300 億元，代表外資對臺灣在 AI 產業的貢獻度持續看好。因此，我們可以持續觀察出口值與增加的產業是哪些，並投資

相關產業。

　　匯率也是股市大漲與否的重要因素之一。新臺幣若繼續升值，2024 年經濟將向上看好。加上 2024 年 1 月與 12 月分別有臺灣大選與美國總統選舉，股市上漲的可能性也更大。

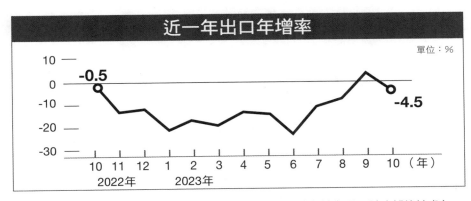

▲ 圖表 1　2022 年 10 月至 2023 年 10 月出口年增率（資料來源：財政部統計處）。

單位：元

單位名稱	買進金額	賣出金額	買賣差額
自營商（自行買賣）	65,584,236,502	87,640,701,367	-22,056,464,865
自營商（避險）	184,539,019,602	252,768,209,729	-68,229,190,127
投信	244,118,970,451	223,929,193,872	20,189,776,579
外資及陸資（不含外資自營商）	2,123,874,307,150	1,943,772,105,224	180,102,201,926
外資自營商	19,420,140	9,397,300	10,022,840
合計	2,618,116,533,705	2,508,110,210,192	110,006,323,513

▲ 圖表 2　2023 年 12 月 1 日至 12 月 29 日三大法人買賣金額統計表（資料來源：臺灣證券交易所）。

第 1 章

關於金融的基本功

1 ｜ 利率：經濟的晴雨計

　　利率，又叫利息率，是衡量利息高低的指標。它是一定時期內利息額和本金的比率。**利率不但能反映貨幣與信用的供給狀態，且能夠帶來供給與需求的相對變化**。利率水準趨高被認為是銀根緊縮，利率水準趨低則被認為是銀根鬆弛。

　　國家的利率政策通常有幾種情況：寬鬆政策利於促進經濟增長，但容易導致通貨膨脹；中性政策旨在保持穩定；緊縮政策利於降低通貨膨脹，卻可能提高失業率。

　　調控利率的主要對象，包括轉融資（re-lending）利率、重貼現率（rediscount rate）、存款準備金利率、超額存款準備金利率、存放款利率等。貼現率（discount rate）是指持票人以沒有到期的票據向銀行要求兌現時，銀行扣除利息所使用的利率。如果銀行將已貼現過的未到期票據作擔保，向中央銀行申請借款時，按中央銀行規定所支付的預扣利率則稱為重貼現率。

　　重貼現率是中央銀行和商業銀行之間的貼現行為。調整重貼現率，可以控制和調節信貸規模，影響貨幣供應量。當中央銀行提高

重貼現轉融資利率時，商業銀行借入資金的成本上升，基礎貨幣收縮。反之，當中央銀行降低重貼現轉融資利率時，商業銀行借入資金的成本下降，基礎貨幣擴張。

而當央行提高存款準備金利率時，商業銀行就會增加超額存款準備金，從而使基礎貨幣量收縮；反之，基礎貨幣量則會擴張。

當存放款利率提高時，人民會較積極存款，因而導致企業貸款積極性降低；反之，當存放款利率降低時，人民存款的積極性降低，導致企業貸款積極性提高。以控制存放款利率的方式，能明確改變貨幣供應量的配置。

由此可見，**調控不同的利率，有不同的效能，可能導致互相矛盾的效應**。如果同時對多種利率結構和年限進行調整，實際上是屬於利率雙軌（多軌）制，不僅很難確定調控經濟的效果，且容易造成腐敗，所以中央銀行通常只能選用其中一種利率作為操作目標。

2 ｜ 匯率：國際貿易的基礎

　　匯率是國際貿易中非常重要的調節工具。每個國家生產的商品，都按本國貨幣計價，而**匯率高低則直接關係商品在國際市場上的售價，影響著商品的國際競爭力。**

　　當一個國家的貨幣升值，就會增加該國出口商品的成本，進而削弱該國商品的競爭力，並反過來刺激大量商品進口。

　　反之，當某國貨幣貶值，該國商品在國際市場上的價格就會降低，競爭力增強，從而刺激擴大出口。但因該國貨幣的國際購買力下降，進口商品就必須付出較高代價。

　　匯率波動會為進出口貿易帶來很大影響，因此，許多經濟體會傾向於實行相對穩定的貨幣匯率政策。例如中國自改革開放後，進出口額穩步增長，基本上得益於穩定的人民幣匯率政策（按：現行人民幣匯率為有調節、有管理的浮動匯率制。新臺幣採管理浮動匯率制，原則上由外匯市場供需決定，僅在有不利於金融穩定的狀況下，中央銀行才會介入）。

　　匯率有多種分類法。若按匯率確定方式，可分為法定匯率

（official rate）和市場匯率（market rate）。

法定匯率是指官方（如財政部、中央銀行或經指定的外匯專業銀行）所規定的匯率。在實行外匯管制的國家，禁止自由市場存在，法定匯率就是實際匯率，無市場匯率。

而市場匯率是指在自由外匯市場上，買賣外匯的實際匯率。在外匯管制較鬆的國家，法定匯率往往只是形式，有價無市，實際外匯交易均按市場匯率進行。

市場匯率由哪些因素決定？從根本上來說，**一種貨幣的價值，取決於它的購買力**。因此，**匯率本質上應為購買力的比值**。例如，某種漢堡在英國賣 1.5 英鎊，同樣的漢堡在美國賣 2.4 美元，我們則可以說英鎊與美元的匯率為 2.4 ÷ 1.5 ＝ 1.6，即一英鎊兌 1.60 美元。

但是，除了漢堡以外，世界上商品有千萬種，不同商品的貨幣購買力比值不同，且在貿易市場中各有自身的加權比重。因此，藉由購買力比較推求匯率，是件非常複雜且困難的工作。

市場匯率及其波動，固然與貨幣在本國的購買力或物價水準有關，但更會受到國際市場上貨幣購買力和物價水準的影響，甚至可能與國內市場的狀況脫節。

國際上的經濟往來並不僅限於商品交易，還包括國際金融市場上的信貸、投資等資本交易和其他許多方面。後者不屬於貨幣購買力的範疇，卻對匯率的變化有很大影響。因此，匯率只有部分與貨幣購買力相關。

事實上，除了購買力這個基本要素之外，影響匯率波動的重要

因素還有以下六項：

一、國際收支及外匯儲備

　　國際收支就是一個國家的貨幣收入總額，與付給其他國家的貨幣支出總額的統計。如果貨幣收入總額大於支出總額，便會出現國際收支順差；反之，則是國際收支逆差。

　　國際收支狀況會對一國匯率的變動產生直接影響，例如：當發生國際收支順差時，外匯儲備增加，會導致該國貨幣升值；反之，則該國貨幣匯率會下跌。

二、利率

　　利率會直接影響國際間的資本流動，高利率國家吸引資本流入，低利率國家則發生資本外流，造成外匯市場供求關係變化，從而對外匯匯率的波動產生影響。一般而言，當一國利率提高，將導致該國貨幣升值；相反的，若利率降低，則該國貨幣貶值。

三、通貨膨脹

　　一般而言，通貨膨脹會損害本幣的購買力，削弱出口商品競爭力，降低國際市場上的信用地位，進而導致本國貨幣貶值、匯率下跌；反之，通貨膨脹緩解則會使匯率上升。

四、政治局勢

政治局勢的變化包括政局不穩、社會動亂、軍事衝突、政界醜聞、選情變化和政權更迭等，這些都會對外匯市場產生重大影響。

五、心理因素

市場的心理預期，會影響貨幣匯率升跌。政治家、經濟學家或一些擁有重大影響力的人物，若發表相關言論或暗示，對匯率造成的影響，有時可能遠比經濟因素明顯。

六、外匯市場投機力量的炒作

如果投機者襲擊某種貨幣，大量買賣這種貨幣，可能影響匯率急劇升降。

歸根結柢，**市場匯率其實和其他商品一樣，起伏波動取決於供求關係。**

匯率對一個國家的國際貿易、貨幣供應、經濟發展，甚至是政治穩定等面向，都有著重大影響力。因此，一個執行市場匯率的國家，在匯率嚴重偏離正常水準時，中央銀行往往得入市干預，或聯合多國協同干預，藉反向操作以維持匯率穩定運行。

3 | 貨幣政策：
國家調控經濟的手段

　　當一個國家或經濟體，為達到穩定物價水準、支持充分就業、促進經濟增長、完善社會福利、平衡國際收支等施政目標，就必須制定相應的經濟政策。

　　經濟政策是個廣泛的概念，其中有宏觀經濟政策和微觀經濟政策之分。宏觀經濟政策包括財政政策、貨幣政策（Monetary Policy）、收入政策、產業政策等；微觀經濟政策則是指由政府制定，反對干擾市場正常運行的立法，以及環保政策等。

　　貨幣政策是指一個國家或經濟體的貨幣權威機構（通常為中央銀行），藉由控制貨幣以影響經濟活動所採取的措施，旨在透過改變貨幣供給量，影響宏觀經濟運行。

　　而貨幣政策又有狹義和廣義之分。

　　狹義貨幣政策，指中央銀行為實現其特定的經濟目標，而採用各種調控貨幣供應量或利率等方針和措施的總稱，其中包括：利率政策、銀行準備金政策、公開市場操作、信用管制政策及外匯政策等，藉以達到抑制通膨、降低失業率、調節進出口、促進經濟增長

等目標。

廣義貨幣政策，則是指政府、中央銀行和其他有關部門所施行，任何有關貨幣的規定和影響金融變數的一切措施（包括金融體制改革，也就是規則改變等）。

人們常說的金融政策，則屬貨幣和財政政策互相重合的部分。

財政政策和貨幣政策，是宏觀調控國民經濟的兩大基本政策體系。兩者交互為用，透過擴張或收縮政策，調整社會總供給和總需求的關係。

財政政策是國家意圖的體現，儘管制定政策的內部滯後性（time lag）可能較長，但其實施具強制性，一旦確定，外部滯後就很短。

而貨幣政策則主要透過調整存放款利率、存款準備金率、重貼現率和轉融資利率等手段，間接調整民間存貸款和銀行貸款意向，須經過多重環節才能產生效果，因此，其外部滯後較長。

為了健全市場機制，國家應盡可能避免行政干預社會資金供求的調節，而主要運用貨幣經濟手段引導。然而，當貨幣政策效果不明顯時，財政政策就應該發揮其應有的主導作用。

由此可見，貨幣政策與財政政策雖有不同的調節重點和手段、不同的影響和作用範圍，兩者之間又緊密聯繫、相互影響。理解及準確處理兩者的關係，並根據實際情況協調、靈活運用，兩者互相支持、密切配合，才能充分發揮應有作用。

貨幣政策的調控目標

　　貨幣政策調節的是貨幣供應量，也就是社會總體購買力，具體表現形式為流通中的現金，和個人、企業單位在銀行的存款。流通中的現金與消費物價水準變動密切相關，是最活躍的貨幣，也是中央銀行關注和調節的重要目標。

　　貨幣政策可劃分為寬鬆貨幣政策（easy money policy）和緊縮貨幣政策（tight monetary policy）兩種。

　　寬鬆貨幣政策，又稱作擴張性貨幣政策，意味著透過擴大貨幣供給，刺激總需求增長。在這種政策下，央行會降低利率，人民較易取得信貸。因此，當總需求與經濟的生產能力相比偏低時（例如經濟蕭條時期），適合採用寬鬆貨幣政策。

　　反之，緊縮貨幣政策是藉由削減貨幣供應的增長率，以抑制總需求水準，在這種政策下，利率也隨之提高，人民取得信貸較為困難。因此，在通貨膨脹較嚴重時，較宜採用緊縮貨幣政策。

　　一般認為，貨幣政策的主要調控目標有四個：穩定物價、充分就業、促進經濟增長和平衡國際收支。

一、穩定物價

　　穩定物價是貨幣政策的首要目標，實質是穩定幣值。所謂幣值，在貴金屬本位制時期，指的是單位貨幣的含金量。而在現代信用貨幣條件下，不再指含金量，而是單位貨幣的購買力，即在一定

條件下單位貨幣購買商品或服務的能力。貨幣的購買力，通常以物價指數表示。當物價指數上升，表示貨幣貶值；物價指數下降，則表示貨幣升值。

現在各國多以消費者物價指數（Consumer Price Index，縮寫為CPI）——也就是居民消費價格指數，當作觀察通貨膨脹水準的重要指標。這是衡量與人民生活有關的固定商品與勞務消費品價格，主要反映消費者支付商品和勞務的價格變化情況，同時這也是一種度量通貨膨脹水準的工具，以百分比變化為表達形式，可按城鄉分別計算。

這裡要特別指出，「**穩定**」**是個相對概念。在動態的經濟社會裡，不可能將物價固定在一個絕對的水平上，控制的目標是使一般物價水準在短期內不會發生急劇波動。**

但是，對於這個波動的限度，觀點則不盡相同，主要取決於各國經濟發展情況。有人認為，物價水準最好是不增不減，只能允許在 1% 的幅度內波動；也有人認為，物價微漲有利於刺激經濟發展，只要把物價漲幅控制在 3% 以內就算穩定。

二、充分就業

充分就業，意思是保持一個較高、穩定的就業水準。此時，凡是有能力並自願工作者，都能在較合理的條件下，隨時找到他們較為滿意的就業崗位。充分就業有利於社會穩定、持續發展進步，最終有利於實現每個人的自由發展，是當今世界各國普遍追求的發展

狀態。

　　我們一般會以失業率指標，衡量勞動力的充分就業程度。失業率即為社會上失業人數與願意就業的勞動力之比率。失業，意味著人力資源的浪費，當失業率越高，越不利於經濟增長和社會穩定，因此世界各國都力圖將失業率降到最低。

三、經濟增長

　　經濟增長的目標，是國民生產總值（Gross National Product，縮寫為 GNP）保持合理的增長速度。目前世界各國衡量經濟增長的指標，一般採用人均實際國民生產總值的年增長率，即以人均名義國民生產總值年增長率，剔除物價上漲影響後的人均實際國民生產總值年增長率來衡量。政府會制訂實際 GNP 增長幅度的指標，以百分比表示，而中央銀行會以此作為貨幣政策的調控目標。

　　實現經濟合理增長，需要多種因素的配合。一方面是各種經濟資源的增長，例如：人力、財力、物力等，以及這些經濟資源的最佳配置；另一方面則是革新技術、增進效能、提高勞動生產率。貨幣主管部門（中央銀行）的任務，就是透過其操縱的工具，組合、協調資源的運用，促進投資增加，以及消除各種不確定性因素帶來的負面影響。

四、平衡國際收支

　　國際收支平衡表上的經濟交易，例如：貿易、援助、贈予、匯

兌等，如果收支相抵，說明該國國際收支平衡；若交易收入大於支出，稱為順差；若自主性交易支出大於收入，則稱之為逆差。

平衡國際收支目標，就是採取各種措施糾正國際收支差額，使其趨於平衡。**當一國的國際收支失衡，無論是順差還是逆差，都會對該國經濟造成不利影響。**

長期的巨額逆差，會使國家外匯儲備不斷下降，承擔沉重的債務和利息，甚至可能陷入債務困境而不能自拔，並喪失國際信譽。

至於長期的巨額順差，則會造成國內有形經濟資源流失，該國經濟對外依存度過高，使一部分外匯閒置。特別是因大量購進外匯而增發本國貨幣，更可能引起國內通貨膨脹。而且，當某國國際收支出現順差，必然意味著另外某些國家出現國際收支逆差，不利於這些國家的經濟發展，從而導致國際摩擦。

當然，相較之下逆差的危害尤甚，因此各國在調節國際收支失衡時，一般都著重於減少、甚至消除逆差。

要同時實現貨幣政策的上述四個目標，是非常困難的事。事實上，各項貨幣政策工具之間經常會相互干擾，甚至產生矛盾。因此，除了實現貨幣政策目標的一致性之外，還應了解貨幣政策目標之間的矛盾，以及研究緩解其間矛盾的對策。

4 ▶ 複利：錢的時間價值

　　我在紐約大學（New York University）曾修過一門證券分析課，首先談到錢的「時間價值」（Time Value）。舉個例子，100年前的紐約，坐一次地鐵只需 5 美分；買一支熱狗需 3 美分，而後來坐一次地鐵和買一支熱狗都漲到 2 美元。可見同等數目的錢，隨著時間的推移不斷貶值。

　　教授該門課的教授說過一句話，令人印象深刻：「**投資不一定會賺，但你要是不投資，肯定會虧！**」為什麼？因為**若你不投資，隨著通貨膨脹，你放在家裡的錢肯定會漸漸貶值。**

　　這讓我想到另一個例子。我有個姑姑，家裡孩子多，姑丈又不會做生意，經濟條件較差，我的父親和大伯、叔叔們常常接濟她。1990 年代初期，她大兒子結婚，我老家那裡的房子一平方公尺賣人民幣 800～900 元，買間 100 平方公尺（按：約 30 坪）的房子不過 人民幣 8～9 萬元。可是她為大兒子籌辦婚事，手頭只剩下人民幣 1 萬元，不夠付頭期款。而兄弟們已經給她不少錢了，她也不好意思再求他們。

於是，她讓大兒子先結婚，說等到錢存夠了再買房子。沒想到，等她存到2萬時，一間房子漲至12萬；再等她存到3萬時，房子漲到15萬。她銀行裡的存款怎麼都無法趕上房價的增長。最後，還是她的大兒子和我的叔伯們合夥做生意，賺了錢才買下房子。

錢究竟放在哪裡最好？

在美國，幾乎每家銀行都是美國聯邦存款保險公司（Federal Deposit Insurance Corporation，縮寫為FDIC）的成員，所有存款帳戶都有FDIC保險。

最初，每間銀行、每個存款人普通帳戶和個人退休帳戶（Individual Retirement Account，縮寫為IRA）的最高保險額為10萬美元，目前為25萬美元，即使存錢的銀行倒閉，FDIC也會償還給客戶，存款人完全高枕無憂。

依統計報告，如果1925年放1,000美元在銀行，到2005年已經「變」成1萬，這80年來的平均年利息是3%左右。漲了10倍，聽起來還不錯吧！但不幸的是，這80年的平均通貨膨脹率是3.5%。需要一萬五千多美元才能抵得上1925年的1,000美元。也就是說，把錢存銀行的結果就是虧了不少。

由上面的例子可見，錢放在家裡會不斷貶值，而放在銀行的普通帳戶也不行，因為利息永遠趕不上物價上漲幅度。

你或許想問：錢究竟放在哪裡最好？我曾看過一份報告，統

計美國 1925 年至 2005 年間，各種投資工具回報率的排行榜。在這 80 年中，美國有過多次股市狂飆、多次房地產高漲；也經歷過大蕭條、911 事件（按：2001 年 9 月 11 日，伊斯蘭恐怖主義組織蓋達〔Al Qaeda〕在美國發動自殺式恐怖襲擊，劫持民航客機撞擊紐約世貿中心和華盛頓五角大樓，導致近三千人死亡）、幾次股市大崩盤和房地產泡沫的破滅，可謂上上下下幾經沉浮，這份統計報告應該能回答這個問題。

在美國，投資回報率最低的是一般銀行存款，平均年利息只有 3％，抵不上通貨膨脹率 3.5％；稍微高一些的是政府債券，平均回報率每年 5.5％，如果 1925 年投入 1,000 美元買政府債券，到 2005 年可增值至七萬多美元；房地產則更高一些，1925 年市值 1,000 美元的房產，到了 2005 年價值達到 10 萬美元左右，平均增值率是每年 6％。**投資房地產和政府債券的成效差不多，可以超越通貨膨脹幅度。**

再來看投資股票的回報率。有人統計過，在每個不同階段選 100 家當時具代表性大型股（Large Cap）的股票平均值，假設在 1925 年投入 1,000 美元的話，到 2005 年的市值是 200 萬美元，平均年回報為 10％；最高的是投入不同階段的 1,000 家小型股（Small Cap）股票，每年平均的回報率是 14％，到 2005 年市值為 3,500 萬美元！

複利效應，時間越長、效果越明顯

　　我曾就讀的紐約市立大學（The City University of New York）有一對教授夫婦，他們在四、五十年前出了一本書，得到 5 萬美元的稿酬。這對教授夫婦的生活樸素簡單，沒有任何奢侈嗜好，平時靠薪資過日子已綽綽有餘，對於手中多出的這筆錢，他們真不知該怎麼用。

　　有天，教授夫婦向他們的朋友、華爾街（Wall Street）股神華倫‧巴菲特（Warren Buffett）提及此事，巴菲特對他們說：「你們如果信得過我，就先把這筆錢投入我的公司，我來幫你們管，好嗎？」那時，巴菲特已小有名氣，於是這對教授夫婦異口同聲的說：「當然好啊！」

　　教授夫婦將這筆錢投入巴菲特的波克夏‧海瑟威（Berkshire Hathaway）公司。之後，他們從不過問，幾乎忘記這件事了。30 年後，教授先生去世，巴菲特出席了他的葬禮。在葬禮上，巴菲特對教授太太說：「你們放在我那裡的錢，已經漲到六千多萬美元了。」教授太太大吃一驚：不會吧？怎麼可能？

　　其實，這正是複利奇特的魅力。複利是現代理財的一個重要概念，由此產生的財富增長，稱作「複利效應」，對於累積財富有著深遠的影響。

　　假設本金 10 萬元，每年投資回報率是 20％，如果按照普通利息計算的話，每年的回報是 2 萬元，10 年後連本帶息漲至 30 萬

元，整體財富增長為兩倍；但如果按照複利方法計算，亦即指 10 萬元的本金，每年的回報都加入本金，即「利滾利」，那 10 年後會變成 62 萬元，比 30 萬多了超過一倍！

隨著時間增加，複利效應引發的倍數增長會越來越顯著。若仍以每年 20% 回報計算，10 年複利會令本金增加 6.2 倍（1.2 的 10 次方），而 20 年則增長 38.34 倍（1.2 的 20 次方），30 年的累積倍數更可高達 237.38 倍（1.2 的 30 次方）。若本金是 10 萬元，30 年後就會變成 2,374 萬元！

不過，在人類歷史上，除了巴菲特之外，幾乎沒有人能長期保持每年 30% 以上回報的投資。以蟬聯多年香港首富寶座的李嘉誠為例，1945 年，他投資 7,000 美元成立長江塑膠廠，到了 2006 年，他擁有約 188 億美元身家，暫且撇開其他因素不談，他的財富在 57 年間增長了 268.6 倍，每年的複利回報也「不過」為 29.65%。

前面談到的那位教授太太，後來立下自己的遺囑，決定在她去世後，將這筆錢全部捐給慈善機構。幾年後，當她去世時，這筆錢已漲到了一億兩千多萬美元！

談到複利，在華爾街還有一個人們津津樂道的例子：1626 年，美洲原住民以 24 美元出售現今曼哈頓的土地——聽起來簡直賤賣，現在的 24 美元，連吃頓像樣的晚餐都不夠。假設他們將這 24 美元放進銀行，按每半年 6% 的複利計息，到 2006 年，他們將可獲得一千多億美元，比目前曼哈頓第五大道的房地產總市值還要高！這就是複利效應的神奇之處。

5 信用：金融的立身之本

在金融領域裡，信用是立身之本。**信用就是指一個人可以透支未來，先獲得金錢或商品，日後再付款的限度**。簡單來說，一個人從朋友、銀行或貸款機構可以先支取後償還的資本，就是信用。金融信用，即提供貸款和產生債務。此外，金融信用也可以指借債方償還債務的信譽和能力。

信用產生的另一種方式，是商品交易過程中的延遲付款。一個人如果向金融機構借錢，並在延遲期限前還清欠款，就會產生正面的信用紀錄。所以，**借了錢並在期限內及時還清的人，反而會比不曾借錢的人擁有更好的紀錄，信用額度也更容易擴大**；但若過了延遲期限，不還錢就是違約。

違約的人會在信用資訊的資料庫（例如金融聯合徵信中心）被註記，如果這個人以後再向其他金融機構借款，各家金融機構在承作借款業務前，就會先查詢這個人的信用紀錄，如果違約嚴重，再次向合法金融機構借款就會很困難。而即使已還款，違約紀錄也可能會保留數年的時間。

現在判斷一個人的信用高低，通用的方式就是徵信體系。一個人在銀行的歷史交易紀錄、貸款還款紀錄、信用卡歷史交易還款紀錄等，都是金融機構判斷客戶信用的依據（按：根據金融聯合徵信中心，個人信用評分採用資料大致可分為：繳款行為〔如信用卡、借貸、票據等的還款表現〕、負債〔包含負債總額、型態及變動幅度等〕，以及新信用申請〔如金融機構至徵信中心查詢次數〕、信用長度〔如有效信用卡正卡使用最久之月分數〕等其他資料）。

而**對企業來說，　想要融資就必須有信用，沒有信用就沒有辦法融資。**

當企業向金融機構借錢時，金融機構考核企業的第一個信用，就是分析該企業財務報表裡的現金流。其次則是企業的利潤，第三順位是企業的擔保物，最後是企業自身的一些信用物。

許多中小型民間企業經營非常困難，向金融機構貸款時往往沒有抵押資產，又沒有政府或第三方企業作擔保，而傳統金融機構又不擅長做風險管控，難以給這些中小企業融資。因此，創新的中小企業難以融資的問題，需要由金融側的供給創新來解決，例如中國江浙地區有很多小銀行，擅長以「軟資訊」（例如信用）提供融資給中小型企業，甚至是微型企業。

信心與信用，經濟復甦的核心

對一個國家來說，實體經濟要快速從動盪中復甦，核心基礎就

是信心和信用。信心，可以拉動經濟發展的內需，人民有信心，才敢消費、投資，且敢於擴大再生產；而人民的信心來自他們有錢，且這些錢不能受到損失，所以錢不是存在銀行，就是買保險。

信用，主要是針對銀行而言。簡單來說，**就是銀行必須有繼續放貸的能力和意願**。他們的資本金不能因為股市大跌，而受到過度侵蝕。也就是說，他們必須在危機之前盡量保守，不可持有高風險資產，像是企業股權，特別是二級市場的股票。

例如，**1929 年美國的經濟大蕭條，並非因股市暴跌而造成。股市暴跌觸發的信用緊縮，才是大衰退的根源。**美國很多銀行倒閉或被清算，許多人不但失業，存款也歸零了。為什麼銀行會大量倒閉？因為股市暴跌，導致全社會的資產重估，許多銀行和保險公司因為自營投資業務，持有大量高風險資產，暴跌後資產嚴重縮水。

再加上銀行儲戶恐慌而導致的擠兌（按：銀行或金融機構被大批的儲戶要求領回自有的儲金，通常發生在銀行營運有重大負面傳聞之時），以及銀行家信心崩潰的借貸，銀行業陷入大危機，失去信用，引發了前所未有的信心低潮和信用緊縮。

後來，美國在 1933 年通過《格拉斯—斯蒂格爾法案》（Glass-Steagall Act），分離商業銀行與投資銀行。同時，還建立美國聯邦存款保險公司，構建起存款保險制度。

然而，2008 年的金融危機，在一定程度上可說是重蹈了 1930 年大蕭條的覆轍。

2008 年 9 月 15 日，美國第四大投資銀行雷曼兄弟（Lehman

Brothers）宣布申請破產保護，由此引發席捲全球的「金融海嘯」：股市暴跌、房市重挫、金融機構倒閉、失業潮爆發。那年，美國的次級貸款產品本來是房地產商賣房子，沒有受太多制約，也不需要抵押物，這樣房價就會漲，漲了大家都賺錢。而沒有抵押物的房子，全靠銀行背帳，銀行得冒很大的風險。

但這時，銀行不是想辦法把次級貸款變成正常貸款，而是在抵押物上做文章──銀行把次貸賣到股票市場，變成了信用違約交換（credit default swap，縮寫為 CDS）債券，CDS 債券槓桿比達到1:40。

當年，雷曼兄弟深度參與合成債務擔保證券（Collateralized Debt Obligation，縮寫 CDO）和 CDS 市場，出售了大量合約。而當房市價格大跌，違約概率飆升幾倍後資產價格暴跌，導致公司資金鏈斷裂，而美國政府又沒有出手救助，最終以倒閉收場。而後，時任美國聯邦準備理事會（Federal Reserve Board of Governors，簡稱聯準會）主席班・柏南奇（Ben Bernanke）果斷的斬斷資金鏈，避免信用緊縮。

2020 年 3 月，美國股市暴跌，美國經濟是否陷入衰退，也取決於信心和信用，而非股市本身。3 月 23 日，聯準會突然宣布將不限量按需買入美債和不動產抵押貸款證券（Mortgage-backed security，縮寫為 MBS，為一種資產抵押證券，將以不動產為抵押的貸款證券化後，以打包形式在市場上交易的工具），被稱為「無上限量化寬鬆計畫」（無限量 QE）。

　　這項措施指向明確，即透過國家信用的大規模購買行為，和預期政府將出手回穩價格，阻止債券市場和房地產市場的資產價格重估，保護個人投資者和持有這些資產的金融機構，穩住信心和信用，避免重蹈 1930 年信用緊縮的覆轍。而無限量 QE，也展現出美國人對美元資產是全球信用度最高資產的自信。

6 ｜ 槓桿：放大回報 （也可能放大損失）

　　槓桿（leverage）是金融的三要素之一，另外兩個要素是信用和風險管理。

　　金融的特點就是槓桿，沒有槓桿就沒有金融。信用是槓桿的基礎，而槓桿是在信用的基礎上四兩撥千金。有信用就有透支，透支就是槓桿；有信用才能做金融，用槓桿才能把金融做大。

　　槓桿這個詞，最早是物理學中的力學定理，例如：打開瓶蓋用的開瓶器、安裝在船尾的舵，以及汽車方向盤等，都運用了槓桿原理。古希臘物理學家阿基米德（Archimedes）曾說過：「給我一個支點，我可以舉起整個地球。」金融槓桿就是槓桿原理在金融上的應用。

　　金融（或資金）槓桿，就好比是操作具有 10 倍契約保證金或權利金價值的期貨或選擇權商品契約，是過度舉債投資於高風險的事業或活動。遇到投資獲利不如預期時，槓桿作用的乘數效果，小至加速企業的虧損及資金的缺口，大則影響整體經濟環境。

　　而負債比就是資金槓桿，當負債比越高，槓桿效果就越大。然

而，**資金槓桿的乘數效果是雙向的**，當公司運用借貸的資金獲利等於或高於預期時，對股東的回報將是加成；相反的，當獲利低於預期、甚至虧損時，就如屋漏偏逢連夜雨，嚴重者就是營運中斷，走上清算或破產一途，使股東投資化成泡沫。

所以，自然人和企業的經營者，應該嚴肅看待這個比率。尤其當企業正在擴張或從事併購，而有長期資金需求時，更應謹慎評估資金募集決策對負債比的影響。

甘蔗沒有兩頭甜

企業的投資回報率與淨資產收益率的關係，會顯示出經營者是否有效利用資金槓桿。當企業沒有負債，或負債金額占資產的比例很小時，這兩個比率會相等或很接近。

負債經營率＝長期負債÷股東權益。

這是衡量一家公司資金槓桿的另一種方式。它表示企業資源由負債提供的比重，其比重越高，代表資金槓桿越大。由於負債來源的資金，是負擔固定的利息費用。站在股東的立場，企業營運獲利良好時，可達到以小搏大的效果，但固定的利息費用可能是企業無法輕易擺脫的夢魘，這也是任何槓桿效應的雙向乘數。簡單來說，就是用乘號放大投資的結果。例如房屋抵押貸款，使用的就是金融槓桿。

有年我回中國探親，想感受一下當時中國火熱的房地產市場，

於是我便走進了一個新建案。銷售人員熱情洋溢的介紹：「先生，如果購買一間此建案的房子，只需支付 20% 的頭期款，剩下的我們幫你申請銀行貸款，你可以先住進來，錢以後一點一點慢慢還。」

「哇，聽起來不錯！」我隨意回應，接著便反問：「那如果我將來付不出貸款，該怎麼辦呢？」

「有什麼關係？這房子非常好賣，行情見漲，萬一付不出貸款，賣掉就是了，肯定是一筆只賺不賠的買賣。你要當機立斷啊！過了這個村，可就沒這個店了。」

那位銷售人員所言或許是實情。但眾所周知，絕大多數買房子的人都不是一次性付清。假設一間房人民幣 100 萬元，聰明的投資人（準確的說，應該稱為炒房者）即便懷揣 100 萬，他也會非常聰明的買 5 間，每間房支付 20% 頭期款，自然而然運用了金融槓桿的原理，接著就等房價上漲。

如果買一幢 100 萬的房子，頭期款是 20%，就用了 5 倍的金融槓桿。從投資而言，如果房價上漲 10%，投資回報是 50%（5×10%）。如果頭期款是 10%，金融槓桿就變成 10 倍，房價漲 10% 的話，投資回報就是 100%！

但是，**甘蔗沒有兩頭甜，有利就有弊，金融槓桿也不例外。它可以把回報放大，**當然也可以把損失放大。如果 100 萬的房子房價跌了 10%，那麼 5 倍槓桿的損失就是 50%，10 倍金融槓桿的話，頭期款就沒了。當年，美國幾百萬棟房子被強行拍賣，主因之一就是使用了倍數太大的金融槓桿。

　　而使用金融槓桿炒股，以及投機其他金融產品的道理也一樣。
2015 年中國股災，最主要的原因之一就是槓桿問題。也就是大量資
金藉由槓桿進入股市，造成股市瘋狂上漲，泡沫氾濫。面對此景，
管理階層被迫採取措施以遏制槓桿炒股，打擊惡意炒作。隨著槓桿
資金撤退，特別是轉道到股市的銀行資金全面撤離，股市便快速下
跌，最終形成恐慌性暴跌，釀成股災。

7 | 風險管理：
守住金融的生命線

風險管理（risk management）**包括對風險的定義、測量、評估和發展因應風險的策略，其目的是將可避免的風險、成本及損失降到最低**。理想的風險管理，是事先已排定優先次序，可以優先處理引發最大損失及發生機率最高的事件，其次再處理風險相對較低的事件。

而風險的來源很多，包括金融市場的不確定性、專案失敗的威脅（設計、開發、生產或維持生命週期中的任何階段）、法律責任、信用風險、事故、自然原因和災難、來自對手的故意攻擊，或根本原因不確定、甚至不可預測的事件。

實際上，因為風險與發生概率通常不一致，難以決定處理順序，因此必須衡量兩者比重，做出最合適的決定。

因其牽涉到機會成本，**風險管理同時也要面對如何運用有限資源的難題**。把資源用於風險管理，可能會減少運用在其他具有潛在報酬之活動的資源。**理想的風險管理，正是希望以最少資源化解最大危機**。

有槓桿才有金融，但槓桿過高就產生風險

金融市場中的槓桿有利有弊，加槓桿就必須處理好風險，一旦失去風險管理的槓桿崩塌，將會產生不可挽回的損失。**所有的金融風險都是槓桿比過高而造成，沒有槓桿比就沒有金融，但槓桿比過高就產生風險**，引起的損失可能遠大於投資者最初投放其中的資金，其災難性程度小則令投資者血本無歸，大者甚至會使全球陷入金融危機。

風險管理在金融投資中至關重要，在投資前必須先了解經濟基本面，包括市場的大趨勢等。以中國投資有限責任公司（簡稱中投公司）為例，2018 年年底，中投公司總資產 9,406 億美元，淨資產 8,588 億美元，自成立以來累計年化國有資本增值率為 13.46%；其子公司中央匯金投資有限責任公司（簡稱中央匯金）17 家控參股機構，總資產人民幣 123 兆元，淨資產人民幣 10.2 兆元，同比分別增長 6.0%、9.0%。

但就在前幾年，中投公司海外資源投資收益都並不理想，尤其是投資石油。2009 年 7 月，中投公司收購了加拿大泰克能源有限公司（Teck Resources Limited），以 17.4 億加元（按：約 15 億美元）獲得 17.2% 的股份，然而，2015 年底帳目浮虧超過 70%，市值僅剩下 4.923 億加元。

此外，中投公司投入數百萬美元的蒙古南戈壁資源有限公司（為煤炭生產商），因公司經營困難，甚至出現難以償還中投公司

債務的情況。

中投公司在加拿大的投資虧損，主要是因為不了解加拿大的石油資源大部分是油砂，不僅開採成本高，且汙染也嚴重。而另一方面，美國的頁岩氣開發已經很成熟，許多頁岩氣已經能取代石油。由此可見，中投公司對加拿大油田的投資是場誤判。

更重要的是，從風險管理的角度分析，**即使判斷投資風險之後，還要顧及是否做了避險**（例如可以用期貨來避險），**因為避險可以有效避免損失，或將損失降到最低**。另外，也可用交換交易（Swaps）跟投機對手方對賭，這也是防範風險的有效手段，至少可使巨大的投資有固定收益。

如果做好風險管理，穩賺不賠的機率就能提高。例如：上述中國企業可改為投資加拿大的自然資源，像是淡水、森林、糧食等，這些自然資源是中國當前缺乏或未來急需，其價值一直存在，如此一來，這些企業在加拿大投資的收益會更高。

而若是投資美國的話，最具價值的當數高科技創新。不過，中國企業若想購買美國高科技公司，將會受到美國政府的諸多限制，但一般不會牽扯到虧本的問題，僅僅是價值高估或低估。

例如被臉書（Facebook）併購的 Whatsapp（一款用於智慧型手機的即時通訊應用程式），一開始估值 15 億美元，但是高科技的估值上下浮動巨大很難預測，臉書最後斥資 190 億美元才買下。所以，併購估值格外要注意。

如果看好歐洲的話，投資歐洲百年品牌最合適，因為百年品牌

的附加價值高。

金融投資有三個要點——信用、槓桿和風險管理，而衍生性金融產品具有避險功能，本質上就是一種避險工具，海外的投資經驗值得借鑑。

例如，新加坡的兩個國家主權基金——淡馬錫控股私人有限公司（Temasek Holdings Private Limited）以及新加坡政府投資公司（Government of Singapore Investment Corp，簡稱為 GIC），沒有貪汙腐敗，效率高。

另外，加拿大退休金計畫投資委員會（Canada Pension Plan Investment Board，簡稱為 CPPIB）投資，也相當成功——每年把退休金的 10%（約幾百億加元）交給私人公司管理，藉由多元化投資獲得最大的收益。

CPPIB 的最高權力機構是理事會，由 12 名理事組成。理事由加拿大財政部長提名、總督任命，每屆任期不超過 3 年（可以連任）。為了確保退休基金的保值增值能力，理事會確立 4% 的長期真實回報（即扣除通膨率之後的真實收益率）目標。即股權資產比重應當介於 60%～70% 之間。

起初，該計畫於加拿大國內的股權投資，主要集中在多倫多證券交易所的指數基金，國外股權投資主要集中於標準普爾 500 指數（Standard & Poor's 500，簡稱 S&P 500）和 MSCI EAFE 指數基金。CPPIB 投資的資產類別包括公開交易的證券、私人股權、不動產、基礎設施等。此外為了避險，基金的資產還可以投資衍生性金

融商品。

　　在金融投資前，必須了解經濟基本面、市場趨勢，並要確立風
險管理意識、做好避險，才能在變化萬千的金融市場中，立於不敗
之地。

第 **2** 章

打開財富大門的工具

1 股票：金融投資的基礎

　　股票是一種有價證券，是股份公司為了籌集資金，發行給股東的所有權憑證，而股東可以藉此取得股息和紅利。

　　每股股票都代表著股東擁有該公司一個基本單位的所有權。這種所有權是一種綜合權利，包含參加股東大會、投票表決、參與公司的重大決策、收取股息或分享紅利等。

　　股票和股票市場歷史悠久，早在兩千多年前的古羅馬時期，政府就透過招標形式，把公共服務專案承包給私人公司，這類公司的名字就叫「為公共服務的組織」。而這些公司將所有權劃分為股份，賣給投資人，投資人可以把這些股票拿到股票市場上交易，交易場所就在古羅馬的卡斯托爾和波呂克斯神廟（Tempio dei Dioscuri）。

　　至於現代股市，則起源於荷蘭。成立於 1602 年 3 月 20 日的荷蘭東印度公司（Vereenigde Oost-Indische Compagnie，縮寫為 VOC），是第一間發行股票的現代公司，該股票在阿姆斯特丹證券交易所（Amsterdamse effectenbeurs）交易，但公司每年只進行一

次股東變更登記。

新股上市，這場遊戲怎麼玩？

關於 IPO（Initial Public Offering）這個詞，中文翻譯可謂五花八門。有人直譯為「首次公開發行」，有人稱作「首次公開招股」，也有人稱為「上市」。公司上市對一般股民來說是喜憂參半，喜的是又有新股可以「打」了，憂的是股市又要被「抽血」了（按：打新股、抽血為中國股市用語。前者指不以長期持有為目的參與新股申購，在新股上市後立即賣出的交易行為；後者指當新股發行時，市場會流出大量資金申購新股，造成二級市場〔買賣已上市公司股票的資本市場〕存量資金減少，大盤指數也相應下跌）。

有意思的是，甚至不少炒股多年的「老股民」，也搞不清 IPO、一級市場（按：處理新發行證券的金融市場）、二級市場之間的關係。多數散戶只是把股票當作炒作的籌碼，他們只關心股價漲跌。

許多人對「打新股」充滿熱情，主要是因為在 IPO 當日，新股股價總會暴漲，而首日即跌破發行價的例子屈指可數。在 IPO 當日拋售，幾乎是毫無風險的一夜暴富之法。正因如此，在中國 A 股市場（按：也稱人民幣普通股票，指在中國註冊、在中國股票市場上市的普通股）「打新」異常困難，中籤率基本上不到 1%（按：台股新股抽籤的中籤率，約在 1% 左右），普通散戶輪到這種好事的

機率，比買樂透中獎還要低。

為什麼新股發行當日股價會暴漲？誰最容易拿到暴漲的股票？又是誰在操縱新股發行？

我們可以把新股發行看作一場遊戲。這場遊戲的參與者有上市公司（public company）、證券承銷商（stock underwriter）、證券經紀商（stock broker）、機構投資者和散戶。

上市公司最主要目的，就是把自己的股票賣出去，價格當然是越高越好。

而上市公司發行股票，一般都會請**承銷商**幫忙。他們的工作是**根據上市公司的經營業績，給股票一個合理估價**，如果最後無法以這個價位把股票全部發行出去的話，承銷商要負責把剩下的股票照單全收（按：此指「包銷」。若為「代銷」，則會在承銷期屆滿後將未售出的股票退回給發行公司）。

證券經紀商從事的是代理業務，其**職責是幫助機構投資者或散戶，以理想價格買到股票。**

機構投資者和散戶是股票的買方，他們自然希望價格越低越好。一般來說，機構投資者有資金優勢，所以絕大部分新股都被機構投資者霸占，有幸中籤的散戶幾乎是鳳毛麟角。

理清這四者的關係並不難，只要牢記兩點：第一點，上市公司賣股票，機構和散戶買股票。第二點，承銷商為上市公司服務，助其拉高股價；而經紀商則為機構投資者和散戶服務，幫助他們壓低股價。

　　在新股上市的過程中，承銷商與經紀商往往擁有很大的話語權。新股認購價的高低，取決於承銷商與經紀商之間的博弈，而上市公司、機構投資者和散戶經常只是「陪玩」。

　　由於股票存在一級、二級兩個市場，也就存在兩個價格。所謂認購價（發行價），是指一級市場 IPO 時，上市公司與股票認購者達成的價格；而交易價，是指二級市場股票投資者之間相互轉手的價格。當有新股上市時，隨著交易所鐘聲敲響，我們看到的電子螢幕所顯示的「IPO 價格」，其實是二級市場交易價，一般來說遠高於認購價。

　　正常情況下，承銷商與經紀商之間的博弈應該是均衡的。也就是說，新股上市後，價格不應該出現異常波動，例如暴漲 100％，或暴跌 50％。如果上市後新股價格很快大幅上揚，上市公司顯然

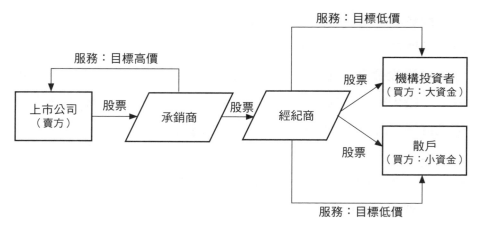

▲ 新股上市的各方參與者。

吃虧，因為他們本來可以賣到更好的價錢，這說明承銷商沒能盡到責任，嚴重低估了發行價；相反的，若新股上市後很快就跌破發行價，以認購價購買公司股票的機構投資者和散戶則被「套牢」，這就體現了經紀商的無能。

以中國為例，過去十幾年是中國經濟發展的黃金時間，但其股市卻交出一份「十年零漲幅」的尷尬答案卷。

人稱中國股市為政策市，是為融資而設，股價定位是基於投資者對上市公司未來收益的預期。雖然當前滬深 300（按：由中證指數公司編制並發布的成分股指數，在上海和深圳證券市場中選取 300 支市值大、流通性好的 A 股）的動態市盈率（Price to Earnings ratio，亦稱本益比，指股價與每股年度盈利之比）不到 12 倍，意味著投資 12 元有 1 元的利潤，看起來比較便宜，但其股息率約只有 1.6％，是一年期定存利率的 46％。還有許多上市公司根本不分紅，或極少分紅。

購買這些不分紅或極少分紅的股票，就沒有投資意義，而是純屬期待升值的投機行為。可是這樣的股票又憑什麼上漲呢？

作為對照，美國上市公司股票必須分紅，且是按季分紅。目前道瓊工業平均指數（Dow Jones Industrial Average）股息率約 2.84％，是一年期定存利率的 811％。有專家指出，要使滬深 300 指數具有投資價值，只有兩種辦法：上市公司的分紅水準成倍提高，或指數持續下跌。

從交易量來看，中國股市近 85％ 的交易量是散戶貢獻，機構

投資者持有市值僅占 15.6％——這個數字在經濟較發達的國家約有 60％～70％。

　　由於股市現狀形成窮人培育富人的圈錢機制，起初一擁而上的散戶會慢慢散失，致使市場疲弱不振。今後唯有在市場環境建設下工夫，建立索取與回報對等的市場架構、恰當的引導措施、掃除市場的沉痾痼疾，才能讓資金源源不斷的流入，使中國股市成為對全球資金具有吸引力的投資場所。

2 | 債券：最單純的金融工具

　　債券（Bond）是發券者（例如各級政府、金融機構、工商企業等）為募集資金而發行，在約定期間內支付一定比例利息，並在到期時償還本金的有價證券。與銀行信貸不同，債券是一種借貸雙方的直接債務關係。不論債券形式為何，一般來說均可上市流通，因而形成了債券市場。

　　債券的歷史遠比股票悠久，早在古希臘和羅馬，就有國家以證書形式向商人、高利貸者和寺院借債的記載。而在 1694 年，英國政府經議會批准，發行以國家稅收保證支付本息的政府公債，享有很高的信譽，成為其在全球擴張戰略中的重要經濟手段。

　　而中國最早發行政府債券的，據傳可能是東周最後一個君主──周赧王。西元前 256 年，周赧王為了出兵對抗強勢的諸侯秦國，而向境內富人借錢籌措軍費，他給債主們借券，答應班師之日以戰利品償還，最終無功而返。富人們紛紛手持借券跑來討債，周赧王只得躲到王宮後面的高臺上躲避。後來，周人把這座高臺叫做「逃責臺」（古漢語中「債」與「責」相通），成語「債臺高築」

便是由此而來。

與商業銀行信貸市場一樣，債券市場可以在資本領域互通有無，為全社會的投資者和籌資者提供低風險的投融資工具，使得需要投資資金的地方能提前獲得財力支援，促進社會經濟的發展進步。在全球近代許多「大國崛起」的重大歷史事件中，債券市場可謂功勳彪炳。

發行和買賣債券的場所，稱作債券市場。債券發行業務並不限於投資銀行和證券交易所，也包括商業銀行及所有金融機構。

投資者購買債券可獲得的收益，主要有兩方面：一種是定期或不定期的利息收入；另一種是利用債券價格的變動，買賣債券以賺取差額。

債券利息是固定的，通常期限越長，利率越高，但債券收益會受銀行存款利率或股市表現影響。例如，在經濟形勢動盪、銀行利率下降時，或股市熊市（按：指市場行情不斷走低，資產價格普遍下跌）等情況下，投資者會把資金轉移到比較安全、獲利較豐的投資工具，從銀行存款或股票轉向債券，勢必導致債券價格上升——如果在這時買入債券，收益率就降低了。

例如，張先生於 2002 年 1 月 1 日，以 110 元的價格購買 2002 年發行，面值 100 元、利率 10％、每年 1 月 1 日支付一次利息的 10 年期政府債券，並持有到 4 年後的 2006 年 1 月 1 日，以 120 元的價格賣出，每張債券獲利為：

120−110+（100×10%×4）＝50元

則債券持有期間的收益率為〔50/（110×4）〕×100%＝11.36%

若王先生此時以 120 元買進，並持有此債券直到 2011 年 12 月 31 日期滿收回本息，則每券獲利為：

100−120+（100×10%×6）＝40元

債券持有期間的收益率為〔40/（120×6）〕×100%＝5.56%

以上計算排除了把獲得的利息再投資的可能性。如果把所獲利息的再投資收益計入債券收益，計算出來的收益率稱為複利收益率，這裡先略過不談。

債券的三大種類

債券按發行主體劃分，可分為三大類：

一、政府債券

政府財政部門或其他代理機構，為了籌集資金而以政府名義發行的債券，主要包括國債（國庫券）和地方政府債券等，其中最主要的是國債。政府債券因為有稅收保障，所以風險最小，但收益也最小，通常會提供減免稅優待，以吸引人們購買。

投資者普遍厭惡風險，於是以國債為代表、幾乎無信用風險的金融產品價格，便成為風險性金融產品定價的基礎，國債的收益率曲線便相當於一切金融商品的定價標桿，也為中央銀行貨幣政策提供重要訊息。

二、公司債券

公司債券是股份制公司按法定程式發行，作為債務憑證的有價證券，公司承諾在未來的特定日期償還本金，並按事先規定的利率支付利息。公司債券持有者取得利息，較股東分紅優先；而在公司破產清算時，也會比股東優先收回本金。

除此之外，中國有個特別的企業債券（Enterprise Bond），是由國家發展與改革委員會監督、管理的債券，其發債主體為中央政府部門所屬機構、國有獨資企業或國有控股企業（可以是非股份制公司）。

三、金融債券

銀行或非銀行金融機構為籌措資金，按法定手續發行作為債務憑證的有價證券，承諾按約定利率定期支付利息，到期償還本金。在歐美國家，金融機構發行的債券被歸類於公司債券，在中國和日本等國家稱為金融債券。

最大風險，在於發行者有沒有能力償還

相比股票市場，債券市場不僅開始得早，而且也單純得多，較易發展。假設你買了某間公司的債券，年息 8％，無論該公司盈虧都與你無關。只要它在債券到期之前沒有破產，其他事情你都無需顧慮。

而債券的最大風險，則在發行者的償還能力。 風險越高，利率也越高。最高利率是垃圾債券（Junk Bond）[1] 或新興市場債券，因為這些債券的發行者信用評價很差，破產可能性較大，債券很容易失去成交量，甚至一文不值，必須以高利率吸引人們購買。

債券通常需要由評價機構評定等級信用。信用評等是度量違約風險的一個重要指標，可供投資者決策參考。

而國際上流行的債券信用評等是三等九級，最高級為 AAA級，表示信譽極好、幾乎無風險，接續為 AA 級、A 級都屬信譽好、風險低；BBB 級為信譽一般、稍有風險，接續 BB 級、B 級風

---

1 又稱高收益債、劣等債券，是美國公司發行的一種非投資級的債券。美國的債券分為政府債券、「投資級」公司債券和「非投資級」的垃圾債券三種，而美國企業所發行的債券，有 95％ 都是後者。通常由一些規模較小的新行業，或信貸關係較短的公司發行。也有些大公司會發行垃圾債券，它們的債券原本屬於投資級，但由於公司財政困難或行業衰退等原因，其債券被貶為垃圾債券。若公司經營情況好轉，垃圾債券也可反彈為投資級債券。通常，垃圾債券的利率比美國政府債券的利率高0.2％～0.4％。

險更高；CCC 級以下對投資者而言有高度投機性，風險高、償債能力低，CC 級償債能力極低，至於 C 級的企業基本上完全喪失償債能力。

　　美國債券市場是世界上最大的債券市場，其發展史可以追溯到1792 年，當時為了方便銷售政府債券，而成立紐約證券交易所。換言之，作為當今世界交易額最大的股票市場，紐約證券交易所起初其實是債券交易所，還要依靠華爾街僱用的銷售員挨家挨戶推銷。

　　1970 年代的石油危機，及其引發的一系列經濟和金融體制變化，帶動債券市場突飛猛進。此時，全球固定匯率體系（布列敦森林制度〔Bretton Woods system〕）崩潰，石油危機造成高通膨率；利率市場化、金融自由化和經濟全球化發展迅速，使得大量企業、地方政府開始依靠債券市場、而不是靠銀行貸款而獲得直接的債務性資金，結果導致債券發行規模迅猛擴張。

　　現在，債券已經成為美國政府和企業最重要的融資工具之一，美國的債券市場已成為彙聚全球資金的重要資本市場。特別是美國政府長期陷於財政、貿易的雙赤字運行中不可自拔，國債發行量急劇上升。

3 ｜ 外匯：大賺或大賠的賭博

　　「外匯」是個廣泛的概念。簡單來說，靜態的外匯是指一切以外幣標價的資產，包括國家的外匯儲備、出口企業收到的美元、個人藉由換匯而持有的外幣等；**動態的外匯則指外匯交易，即以規避匯率風險或賺取差價為目的，用一國貨幣兌換另一國貨幣。**

　　外匯兌換交易市場可以說是當今世界上最大的金融市場。**全球外匯市場每天有上億美元的交易量，一個月內貨幣市場的資金交易量，足以購買整整一年全世界生產的所有商品和服務。**世界各地的金融中心，全天候交易著各種不同類型的貨幣。

　　而外匯市場參與者，包括銀行、商業公司、中央銀行、投資銀行、避險基金、散戶、貨幣發行機構、發鈔銀行、跨國組織和各國政府等。

　　說起外匯交易的初衷，主要是協助國際貿易和投資，使企業能夠以一種貨幣轉換成另一種貨幣。例如，允許美國企業支付英鎊來進口貨物，即使該企業的收入是以美元計算。外匯市場決定不同貨幣的相對值。

不過，外匯市場卻是諸多交易市場中，最晚形成的一個。現代外匯市場形成於 1970 年代，是布列敦森林制度之下，各國匯率制度逐步由固定匯率轉變成浮動匯率後才產生的。

外匯沒有牛市或熊市

1973 年，初期的外匯市場才逐漸發展起來，確定一種貨幣的價值相對於其他貨幣的價值，目的是為了外幣避險。不過，外匯市場仍然很小，積極參與者主要是國際跨國銀行，以及出口為主的大型企業集團，例如福特汽車（Ford Motor Company）、奇異公司（General Electric Company）等。

此外，外匯交易和其他類型金融市場的運作方式完全不同。當投資者購買股票或債券時，他們便擁有標的資產和未來的收入。一般而言，如果投資者持有公司股份，可能會獲得股息收入；而若是投資債券，他們便是債權人（公司或政府發行的債券），將收到定期利息。

但是，外匯交易商就不一樣了，他們通常不擁有資產，而只是投機、下賭注：賭一國貨幣兌換另一國貨幣的比率。也就是藉由買進和賣出某種貨幣，與其他貨幣交換。這也意味著，**外匯市場沒有所謂的牛市或熊市，貨幣只可能時而趨強或趨弱**。所以，有些貨幣總是不斷上升，而有些貨幣則是持續下跌。

由於以下這些原因，讓外匯市場獨一無二：巨大的交易量導致

高流動性、分散的地理位置、幾乎 24 小時連續運行、無數因素影響
著匯率的變化、相對低利潤率收益（相比其他市場的固定收益）、
運用極高槓桿提高收益率和賠損率。

　　因此，**儘管有央行的貨幣干預，外匯市場依然被稱為最理想
「完全市場自由競爭」的市場。**

　　所以，外匯市場可以說是投機客的天堂，它有利於套利──投
機者借入低收益貨幣和貸款，「投資」（做空或做多）高收益的貨
幣，其結果可能導致一些國家喪失競爭力，甚至干預一個國家的經
濟政策。

簡直就是一場賭博

　　貨幣投機完全不像債券或股票，被認為可藉由融資，為經濟增
長做出積極貢獻，**外匯簡直就是賭博**。例如 1992 年，貨幣投機者迫
使瑞典中央銀行提高利率，維持數天 500％ 的年利率，接著貶值克
朗。大型避險基金及資金充足的部位交易之威力，由此可見一斑。
而個人投資者在外匯市場中，充其量只是「噪音交易者」（noise
trader），可謂風險大而威力有限，賠起錢來幾百萬、幾千萬都可以
瞬間蒸發掉。

　　我有個來自浙江的朋友，前些年一直做外貿生意，隨著人民幣
升值等因素，利潤越來越低，稍有不慎還會虧錢。於是，他一咬牙
關閉公司，並將手中的貨全部變現，淨得人民幣一千多萬元。若這

筆錢在中國國內買定存或國債，可以有穩定的收益，每年幾十萬利息足以讓他過上悠哉生活。

然而，生意人總想著「以錢生錢」，每年 3％～5％ 的固定回報對他來說不夠過癮。於是，他向周圍親友打聽有什麼其他發財的捷徑。他的香港老同學勸他做金融，而且最好做外匯，「因為全球最大的投資與交易是外匯，它透明度高、波動頻繁且成本低，是最理想的投資工具，成就了世界頂尖級的金融人物喬治‧索羅斯（George Soros），外匯投資的領頭人」。他經不住誘惑，便委託那位老同學在香港開了帳戶，拿出人民幣 100 萬元炒外匯。

結果，他小試牛刀，一週就賺了人民幣 50 萬元，非常高興！香港老同學叫他「乘勝追擊」，再加碼，他一下子追加了人民幣 500 萬元。但一個月後，他告訴我，他先後投入人民幣 600 萬元，加上原先賺到的 50 萬元，全都輸得乾乾淨淨，後悔莫及！

由於外匯市場的特殊性，散戶幾百萬、幾千萬的「小錢」，往往經不起外匯市場一個小小的浪花，瞬間便會化為烏有。

一般人接觸最多的「個人外匯保證金交易」（FX Margin Trading），是投資者用自有資金作為擔保，利用槓桿交易倍數放大，也就是用小本金操作大資金的外匯交易。它沒有固定的交易場所，一般是由外匯交易平臺幫我們與銀行交易，或是投資者直接與外匯交易平臺往來。

各大外匯交易平臺主流的交易種類，包括貨幣（主要由世界七大貨幣的組合構成，例如：歐元／美元、美元／日圓、英鎊／歐

元、美元／加元、澳元／美元等）、黃金、白銀及原油，一般都以美元計價和結算。

外匯保證金交易跟期貨交易類似，都是多空雙向交易（按：可進行「先買後賣」或「先賣後買」的雙向操作）、T+0 交易（按：可當天買賣，不需要等待一定時間後才能交易）、槓桿交易。但是，外匯交易槓桿更高，中國國內期貨市場一般為 8～15 倍槓桿，但外匯保證金交易中，有的槓桿可以放到 200 倍，一不小心極易爆倉。因此，交易者一定要控制好部位，嚴格止損。

此外，國內股市、期貨市場相對比較封閉，受外盤影響較小，但外匯市場是全球性市場，交易時間極長，影響外匯市場行情的因素錯綜複雜，行情較難把握。全球任何一個地區出現重大事件（如戰爭、政變、選舉、地震等），或是主要國家公布經濟資料、政策變動、領導人發表談話等，都會引起外匯市場行情巨大波動。

4 | 黃金：買金保值？
其實是被炒作！

黃金是一種貴金屬，黃金有價，且價值含量較高。「**黃金代表了世界貨幣的最終支付手段**」，亞倫‧葛林斯潘（按：Alan Greenspan，1987～2006年任美國聯準會主席，其影響力被稱為「他一打噴嚏，全球就得下雨」）這句話，間接解釋了近年來「買金保值」呼聲重新響起的原因。而「買金保值」這一說法被宣揚的同時，恢復「金本位」之說也再次復活。

自1971年8月美國政府停止國內美元兌換黃金，而黃金又經歷兩次貶值後，金本位制開始動搖，隨後結束了第二次世界大戰後建立以美元為中心、與黃金價格掛鉤的國際貨幣體系。

冷戰時期，美國與蘇聯同為世界上的「超級大國」，與美國同一陣營的歐洲各國即使面對巨大的貿易收支逆差，也只能調整本國貨幣兌換美元的匯率，苦不堪言。這種屈辱的局面並未維持太久，因為歐洲各國的忍耐力是有限度的。

在布列敦森林制度下，第二次大規模的美元危機於1970年爆發。當時，美國的黃金覆蓋率在世界各國央行急劇下降至22%，下

跌幅度超過 50％。這一危機導致本已存在的巨大貿易收支逆差再次膨脹，此時，歐洲各國的忍耐力終於到極限了。各國紛紛拋售美元，按照每盎司 35 美元（按：此指金衡制盎司，使用在金、銀、寶石等的質量單位，1 盎司約為 31.103 克）的兌換率向美國兌換黃金，導致美國黃金儲備銳減。

尼克森衝擊，不惜代價救美國

即便是在這種情況下，美國仍然堅持了一年多。1971 年 8 月，國際兌換與收支議會附屬委員會（House Subcommittee on International Exchange and Payments）發布報告，報告中指出美國日益擴大的財政赤字和美元在世界貨幣中的地位虛高，解決辦法就是美國必須改變匯率制度。

這份針對美國現狀的報告僅出爐一個星期，時任美國總統理查·尼克森（Richard Nixon）便有回應。1971 年 8 月 15 日，尼克森出現在美國三大電視臺的螢幕前，向全世界宣布：**美元與黃金脫鉤，停止其他國家政府以美元兌換黃金的權利。**

尼克森這一舉動，又被稱為「尼克森衝擊」（Nixon shock）。從這一天起，**美國放棄「金本位」，黃金正式退出貨幣體系。**其實，早在八月初的一個週末，為了擺脫國內社會失業、通貨膨脹、國際收支赤字的困境，減緩美元暴跌、黃金外湧的危機，尼克森及 15 名顧問曾聚集在大衛營（按：Camp David，正式名稱為「瑟蒙特

海軍支援設施」〔The Naval Support Facility Thurmont〕，此地經常為美國總統與其他國家領導人之間正式或非正式的會談地點）商量對策。經過一番激烈的辯論，智囊團的最終計畫便是實行「新經濟政策」。

　　尼克森的顧問們預備安排總統在星期一金融市場開盤前，將這一決策公諸於眾，但尼克森猶豫不決。這樣爆炸性的計畫，他不知道該不該在電視的黃金時段公布，但他的顧問們主意已定。做出這一劃時代決定的關鍵人物保羅・沃克（Paul Volcker，時任美國財政部副部長）坦言：「我們的黃金斷貨了，因此我們別無選擇。美元受到威脅，最終將導致危機。」畢竟，危機發生後最大的受害者就是美國，為了維護美國的利益，他們自然不惜代價。

　　沃克是美國這一時期的重要人物，他是財政部高級官員，負責國際金融事務。在美元危機的緊要關頭，他敏銳感覺到美國必須立即放棄金本位制。在大衛營商議對策時，沃克堅決主張撕毀布列敦森林制度協定，解決美國目前的經濟困境。

　　金屬貨幣制度發展至今，期間幾乎沒有哪一種紙幣能夠脫離金本位制、銀本位制或者其他有形資產抵押而流行於世，但美元做到了。是什麼暗中支撐著美元？是人們對於美元的信心。他們相信美國強大的經濟實力，相信美國政府有能力和意願兌現所有美元。如果釋放美元的全部潛力，必將帶動二十世紀末的全球經濟。

　　自美國公布美元從此與黃金脫鉤這一決定，曾經預期會被帶動的全球經濟立即陷入混沌狀態。此時的美國正面臨一個巨大的挑

戰：美元不斷貶值，兌換日圓及大多數歐洲主要貨幣的匯率也不斷下降。而對於尼克森這一舉動，美國兩黨（民主黨、共和黨）的政治家皆持批評態度。因為當時美國對外的軍事承諾，以及對內新的社會計畫，都無法緩解逐步惡化的美元危機。而 1970 年代，美國國內最可怕的通貨膨脹已經發生，通膨率甚至超過了 5％。

美國國內嚴重的通貨膨脹，持續削弱美元的價值，而為了避免手上的美元日漸貶值，交易員們紛紛拋出美元。當時，支持美元價值的唯一來源，便是美國政府對外出售的國債。由於美國國債由美國政府作擔保，被視為世界上最安全的投資。

私人投資者認為美國國債安全性高、流動性大，且在債權市場上能夠自由的大量買賣，是個不錯的選擇；但外國政府可不這麼想，他們不願意投資美國國債。畢竟，一旦通貨膨脹率超過債權所支付的利息，所有投資回報都將被通貨膨脹吃掉，這種情況在 1970 年代時常發生。舉個實例，當時美國國債支付的利息是 11％，但國內的通貨膨脹率卻高達 13％，這意味著購買美國國債會損失 2％ 的投資回報。

外國政府不願意購買美國債券，與此同時，美元仍持續貶值。失去黃金支持的美元，彷彿也失去了人們對它的信心。而**為了重建世界對美元的信心，美國必須找到一種能夠替代黃金、有效影響美元價格的實物。**

美元失去黃金的支撐，還有「黑金」

踏破鐵鞋無覓處，得來全不費工夫。正當美國四處尋覓之際，以色列（Israel）與敘利亞（Syria）這一對中東地區的冤家又開始彼此較勁。中東石油生產商宣布，凡是支援以色列對埃及和敘利亞開戰的國家，一律停止供應石油。

當時，全球的石油交易都是以美元為結算單位，如果美國允許美元的價格自由波動，意味著石油生產國大宗物資（commodity）的真正價值，將變得越來越不值錢。因石油禁運決定而波動的石油價格，從某種意義上直接、合乎邏輯的呼應著尼克森的重大決定。石油輸出國組織（Organization of the Petroleum Exporting Countries，縮寫為 OPEC）實行石油禁用，就是想抓住美元的價值，以保護他們自己不受未來美國通貨膨脹的影響。這就讓美國找到能替代黃金的實物。

天佑美國（God bless America）！這是美國政治人物演講後必定會說的話。為了抓住時機，1975 年，美國與生產石油的海灣國家簽訂協定，其內容是這些國家只能用美元進行石油結算。如此一來，全世界需要進口石油的國家都必須持有美元，而隨著油價上漲，這些國家還必須持有更多的美元。這樣一來，**即使美元失去了黃金的支撐，也還有「黑金」——石油——可以依託。**

美元找到石油作為支撐，但美國國內的通貨膨脹率卻創下新高，美元危機仍未化解。這個危急時刻，沃克再次出現在大眾

眼前。1979 年 8 月，沃克受時任美國總統吉米・卡特（Jimmy Carter）委以重任，任命為美國聯準會主席。

　　沃克畢業於普林斯頓大學（Princeton University）和哈佛大學（Harvard University），早在國會山莊就接觸並熟悉華爾街。尼克森辭職後，他也離開財政部，擔任紐約聯邦儲備銀行（Federal Reserve Bank of New York）的總裁。不得不說，像沃克這樣的金融人才，無論他擔任哪一種職務，在國際金融中所發揮的作用都無人可比。回顧二十世紀末，可能沒有哪一個人能夠代替沃克，讓美元的優勢扶搖直上。

　　沃克做了一些他的前任聯準會主席不會或不敢做的事情：將**貼現率一路提高，直到通貨膨脹穩定下來。** 在沃克擔任聯準會主席前，聯準會曾小幅度上揚短期市場利率，收效甚微。沃克就任後，他的一系列加息甚至逼近 20%，遠遠高於任何時候的利率水準。

　　沃克的最終目的是為了控制市場上貨幣的數量，而非價格。他堅信，只有將利率抬高到難以想像的高度，才能控制住通貨膨脹，恢復美元的信譽與美國經濟。

　　從長遠來看，沃克的鐵拳貨幣政策是成功的一抹重彩，但它在短期卻引發美國國內嚴重的經濟衰退。這麼大幅度的提高利率，為美國各個產業帶來了無法想像的創傷。當時，全國各地的汽車裝配廠、煉油廠、建築行業和房地產，以及小型商店皆紛紛倒閉。1982年，美國的失業率突破 10%，創下 1940 年以來的最高紀錄，致使1,200 萬美國人失去工作，且沒有任何失業補償；同年，申請破產

保護的公司高達 66,000 家，是美國經濟大蕭條以來最多公司破產的一年，並直接導致 1981～1983 年將近 5,700 億美元的經濟損失。

這時，美國經濟極速衰退，聯準會不斷提高的利率讓儲蓄貸款機構的存貸利率出現嚴重的利率倒掛（按：長期利率水準低於短期利率水準），又爆發了新的儲貸危機。

這種經濟崩潰持續幾個月後，通貨膨脹率終於從 13％ 下降至 4％。隨後根據沃克的指令，聯準會開始下調短期利率。幾個月後債權市場上漲，而長期利率下跌，道瓊工業指數也跟著從 800 點，一路上漲到 2000 年的 11,722.98 點。

通貨膨脹率下降後，美元的貶值趨勢終於止住。從 1980 年 6 月至 1981 年 8 月，美元兌換其他國家貨幣的匯率上升了近 35％，且還有攀升的跡象。同時，由於利率下降，聯準會的抗通膨策略獲得勝利，美國金融市場與貨幣交易的信譽得以重建。這預示著即便央行再次下調利率，美元的價值也不會隨之波動。人們再也不必擔心手持大量美元可能存在的風險，更不必為美元可能消失而恐慌。

如今，美元仍然保持著它在主要貨幣中的特殊地位，美元價格的起伏也完全掌握在美國的手中。即使美元後續也曾遭遇貶值，卻未對美國境內物價造成多少影響，例如全球名牌集中地──紐約曼哈頓的第五大道，那裡售賣的商品價格卻比原產地還要便宜；或是在加拿大購買汽車，可能會比在美國購買貴幾千、甚至上萬美元，若是名車的差距則更大。

這其中的關鍵原因，是美元能夠憑藉它全球換算貨幣的金融霸

權身分，在貶值的情況下依然掌握著定價權。

美國攻打伊拉克，可能是為了確保美元霸權

　　雖然美元與黃金脫鉤後的一段時間，美國經濟倒退，但美元的價值最終還是穩定下來，維持其全球通行貨幣的地位，可以說，美元對如今全球化浪潮的形成功不可沒。

　　這種貨幣交易為世界經濟帶來新增勢，但也帶來了新威脅。**從表面上看，美元貶值似乎損害的是美國自己的利益，實際上它卻是最大的贏家。因為美元貶值，意味著美國的外債縮水，其他國家所持有的大量美元也將一併貶值。**債權人手中的美元變得不值錢了，不正是美國所期望的嗎？當前，中國是美元儲備最多的國家，美元貶值會令中國現有的大量資產瞬間蒸發，未來的投資回報減少。

　　與此同時，美國還擁有發行權及鑄幣稅（Seigniorage）的諸多好處。鑄幣稅也被稱為「貨幣稅」，原指發行貨幣的組織或國家，獲得貨幣發行面值減去發行成本後，換取實際經濟資源利益的經濟現象。現在通常指中央銀行藉由發行貨幣而得到的收入。

　　美國擁有的發行權與鑄幣權，相當於將美國變成了「世界中央銀行」。這樣一來，美國將不再受外匯儲備短缺的制約，也能夠避免巨額貿易逆差可能導致的貨幣危機及債務危機；美國只需發行本國貨幣，就能透過貿易逆差，而獲得國內經濟發展所需的各類實物資源。

　　美國在全球經濟中早已占據重要地位，美元的國際貨幣身分也眾所周知，而全球美元化的趨勢更是鞏固了美元的霸權地位。

　　2003 年 3 月 20 日，美國以伊拉克藏有大規模殺傷性武器為由，對伊拉克發動戰爭。戰爭持續到 2010 年 8 月美國戰鬥部隊撤出伊拉克為止，歷時 8 年，耗資巨大。

　　許多人都認為，美國攻打伊拉克是勞民傷財的不智之舉，更有人懷疑美國意圖占有伊拉克的石油。事實真是如此嗎？我們無法得知真正原因，但**有一個說法：美國攻打伊拉克的真正原因，是為了確保全球石油依舊採用美元結算。**

　　美元從很早開始就是石油的結算貨幣，美國何必多此一舉呢？這是因為美元有了新的競爭對手——歐元。1999 年 1 月 1 日，歐盟決定實行統一貨幣政策，2002 年 7 月，歐元成為歐元區的唯一合法貨幣。因此，歐元就變成地位僅次於美元的世界第二大儲備貨幣與交易貨幣，使用歐元進行交易的國家也越來越多，特別是伊拉克。

　　伊拉克自 2000 年開始，出口石油時便採用歐元結算，甚至在 2002 年將美元儲備也轉為歐元。這一舉動無疑是敲響美元統治地位的警鐘，美國唯恐簽過協議的 OPEC 石油國家違約，也將歐元作為結算貨幣。為了捍衛美元的地位，美國便決定殺雞儆猴，藉機對伊拉克發動戰爭。

　　但即使美國採用如此霸道的手段，也無法改變歐元迅速擴張的事實。截至 2009 年 10 月，歐元在全球的流通量已經達到 790 億，流通紙幣與硬幣的匯率最高總價值更是超過了美元。

　　但在 2008 年金融危機發生後，歐盟國家緊接著出現了債務危機，歐元兌美元的匯率持續下跌。2009 年 12 月 3 日，1 歐元能夠兌換 1.5120 美元，但到了 2010 年 3 月 1 日，1 歐元只能兌換 1.3478 美元，跌幅接近 11％。

　　對於跌價後價值依然比美元高的歐元，金融霸權之下的避險基金開始狙擊落難的歐元，它們的最終目標就是要實現歐元兌美元 1:1。如此一來，美元指數會大幅度上漲，這與全球的資金流向、大宗物資價格、原油和黃金的價格走勢息息相關。

　　以當時的中國為例。先不談其他面向，從資金流量上來說，美元將回流，也就是大量投機資金出逃中國，從高盛（Goldman Sachs）、摩根史坦利（Morgan Stanley）、美林證券（Merrill Lynch）和投機性強的國際資本，拋完中國的不動產，可略見端倪。這場世紀豪賭勝算必定是美元，投機資本追逐美元符合其慣性。中國的房市泡沫恐怕被刺破。美元如此「神奇」，完全是因為美元身後美國的強大軍事力量撐腰。

　　自 2019 年起，約兩年期間美國一直放話要攻打伊朗，原因與其攻打伊拉克相同，最令美國感冒的並不是伊朗擁有核武器本身，而是一旦伊朗擁有了核武器，它的石油可能將不再以美元結算。如果伊朗決定不再由美元來結算石油價格，美國肯定會攻打伊朗。如果其他海灣國家紛紛效仿伊朗，美國還玩得下去嗎？

　　這就是為什麼美國的軍事支出是全球最高，2009 年時為 6,120 億美元，同一年其他國家的軍費為：中國 702 億美元、法國 788 億

美元、俄羅斯 667 億美元、日本 580 億美元、英國 530 億美元、德國 395 億美元、印度 290 億美元、韓國 208.57 億美元，臺灣為 116.27 億美元。哪怕後面這些國家軍費相加，也還不到美國的三分之二。

（編按：2022 年的全球軍費支出，依瑞典智庫「斯德哥爾摩國際和平研究所」〔SIPRI〕的年度報告顯示，支出排名前十大為：美國 8,770 億美元、中國 2,920 億美元、俄羅斯 864 億美元、印度 814 億美元、沙烏地阿拉伯 750 億美元、英國 685 億美元、德國 558 億美元、法國 536 億美元、韓國 464 億美元及日本 460 億美元。臺灣為 125 億美元，排名全球第 21。）

世界最大負債國，大到不能倒

第二次世界大戰後，美元在國際上擔當重要的角色，因美元擺脫黃金的標準，以及全球經濟所釋放出來的能量。而隨著國際貿易活動日益增加，各國對美元的需求也就更多。同時，美國透過出售國債（利率極低），可以從海外借更多的錢而無恐懼感，因為在 1960 年代，外國人可以隨時要求美元兌黃金。美國債多不愁，巴菲特對此有公開的言論：讓我們的孫子去還債吧！

可以想見，美國越來越依賴國外貸款，以此來保持或增加開支，同時削減稅收，指望外國人來彌補預算缺口。而美國消費者從減稅中得來充裕的現金，以及信用卡借款，便成為外國商品的大買

家。在過去三、四十年，似乎只有美國單槍匹馬保持全球經濟的繁榮與昌盛，只有美國人毫無顧忌的消費，甚至在疲軟的商業週期時也瘋狂購物，經濟學家稱美國的購物狂是「消費者最後的勝地」。

　　雖然美元「金本位制」解體了，美元已不再是世界基準貨幣，但它照樣獨霸一方，到了 1990 年代，美元在世界各地被更廣泛使用，簡直比黃金還值錢。世界各國必須以美元作為主要外匯儲備。

　　而掙脫了黃金這一緊箍咒，也等於解放了美元。因不再受制於有限的黃金供應，聯準會可以比以往任何時候印製更多的紙幣，美國政府可以透過國債市場，借入比以往更多的資金。以聯準會為首的西方工業國信貸擴張明顯加快，貨幣發行達到毫無節制、隨心所欲的程度，**美國也變成了世界上最大的負債國，大到不能倒**，真可謂欠得越多，越是大爺！

　　但近年來，投資者和各國政府也擔心美元是否將進一步貶值。因為美國的欠債消費即將斷送美國──美國外債和貿易赤字達到從未有過的歷史水準。黃金這一貴金屬，也被金融霸權用來當作誘餌，金融巨鱷和御用經濟學家利用人們渴望守住財富的心態，煽動誘惑人們購買黃金、投資黃金股。這時，問題就來了：黃金真能保值嗎？

　　事實上，資本發展到當今社會，既然金本位制已經被廢除，信用貨幣取代了黃金，黃金就不過是貴金屬而已，自然有其合理的價位。過去一份有關黃金提煉成本和預期利潤的分析報告指出：黃金的合理價位應該在每盎司 400 美元左右。報告出爐時美元處於弱

勢；如果以強勢美元來看，每盎司可能 400 美元都不到。

　　如果黃金持續保持這一價位，儲存黃金或許還說得過去。可是，金價在 2009 年時，曾一度被炒高至每盎司 1,220 美元（按：2023 年 10 月，黃金價格已來到每盎司 1,969 美元），以這麼高的價位購入黃金，如何抵禦美元貶值？再說，儲藏大量黃金也不符合外匯儲備的基本要素之一：流動性。

　　若儲藏紙黃金呢？該相信哪個國家發行的紙黃金？如果由美國聯準會來發行，紙黃金跟美元有什麼差別？如果由英國來發行，和英鎊又有什麼區別呢？

　　事實上，**社會的真正財富不是黃金，也不是白銀，更不是信用貨幣本身，而是整個社會的勞動生產力**。在 2008 年金融海嘯鬧得最凶的頭三個月，黃金演出了與石油相同的戲碼：金價非但沒有像專家預測的那樣大漲，反而還下跌了 20%；而黃金股就更慘了，狂跌 50%。就連股票和房市的也不過跌了 20%～40%，黃金的短線投機者遭遇了更為慘重的巨大虧損！

誰掌握了貨幣發行權，誰就掌握了世界

　　在中國，人們深信黃金保值這一說法，為了避免未來的通貨膨脹導致自己的資產縮水，人們紛紛投入購買金條與紙黃金的行列。根據簡單的供需理論與價格理論可以知道，人們狂熱購買黃金的這一行為，必然導致金價攀升。

　　對金字塔頂端的國際金融投機者而言，逐日攀升的金價不是阻礙，而是發財的機會。他們會在危機來臨時，利用人們唯恐財富流失的心理，教人將錢全部投入黃金，隨後自己狂掃一通，賺得盆滿缽滿。國際金融投機者主要藉由製造金融危機賺取大量財富，而人們總是容易被他們的話矇騙，以為擁有了黃金，就阻斷了財富流失的路徑。

　　人總是健忘，忘記過去金價曾被華爾街炒到每盎司 850 美元（按：1980 年 1 月）！這是什麼樣的概念？假設按照最低每年 3% 的通膨率，1980 年 850 美元的價值，已超過 2009 年的 2,000 美元。在中國，100 年前的五兩黃金能夠在上海購買一棟石庫門（按：近現代上海民居的主要形式），如果按照當時黃金每盎司 1,600 美元來換算，五兩黃金就是 80 盎司，換算美元為 12.8 萬美元。按當時美元兌人民幣的匯率，大約是人民幣 89 萬元。這點錢放在現在怎麼夠買一棟石庫門？即使是石庫門裡保姆居住的亭子間，恐怕都買不起。

　　不過，炒作黃金的現象，倒是應了一句老話：One man's trash is another man's treasure.（一個人的垃圾，是另一個人的寶藏）。就在中國人排隊搶購黃金的同時，作為全球三大金融機構之一的國際貨幣基金組織（International Monetary Fund，縮寫為 IMF）和俄國，卻趁金價高位時，大手筆拋售 450 噸黃金，將原來的「廢銅爛鐵」賣了個好價錢。想一想，如果黃金真能在三、五年內漲到每盎司 2,000～5,000 美元，難道他們都是傻瓜，把會生金蛋的雞丟掉？

　　就在 IMF 拋售黃金後不久，金價開始下跌，從最高點每盎司 1,220 美元，跌至 2010 年 2 月 5 日每盎司 1,052 美元。因此，**黃金不是抵禦美元貶值的「靈丹」，而是金融霸權用來把錢放進自己口袋的工具。**

　　巴菲特有句話說對了：「我們從非洲或其他地方的地底下挖出黃金，熔解之後再挖一個洞（指各國央行的地下金庫），將它們埋進去，付錢僱人站在附近看守。任何人從火星看地球人這樣做，一定百思不得其解。」當金融霸權「唱衰」金價，準備進貨時，就會捧出巴菲特這句名言。

　　在當今社會環境裡，**財富就像流動的水，絕不可能靜止不動，**想守住流動的東西很艱難。在金融海嘯中，百萬、千萬、甚至億萬富翁因破產而自殺的新聞時有所聞。世界上的物質財富隨時都可能**轉瞬即逝，只有精神財富才可以世世代代傳承下去。**

　　其實，被金融霸權炒作的何止黃金，石油更是他們炒作的主要大宗物資。因為石油是工業血液，國家經濟發展不可或缺；正因其對經濟發展不可或缺，稍有風吹草動，就會大漲不止、大跌不休，掌控定價權的金融霸權就能從中大撈一筆。

　　美國前國務卿亨利・季辛吉（Henry Kissinger）曾說過：「**誰控制了石油，誰就控制了所有國家；誰控制了糧食，誰就控制了人類；誰掌握了貨幣發行權，誰就掌握了世界。**」而這三種控制權，恰恰全都掌握在金融霸權手上。

5 ▷ 共同基金：懶人投資術

　　證券投資致富有三大訣竅：一是投入的資金龐大，二是擁有足夠的上市公司股票和各種證券分析研究資料，三是具備豐富的投資知識、經驗和技巧，如此才可能實現正確而有利的投資。

　　然而，一般散戶投資缺乏雄厚的資本與市場抗衡，更遑論具備高超的股票分析研究能力和投資技巧。為了解決散戶投資的困境，讓散戶能用輕鬆、有效的方式參與分享各項投資獲利的果實，共同基金（Mutual Fund）應運而生。

　　所謂**共同基金，是由股票、債券或者現金等投資產品構成的組合。這是一種集合大眾資金，按投資者出資比例共同分享利潤、分擔風險的投資工具**，個人或機構可以以股份形式參與投資，適用於中長期的投資。

　　共同基金由專業經理人進行日常管理，強調分權、制衡，合理分散投資；參與投資者不必精通股市、費心選股，卻可能得到相當好的報酬率，因此有人稱之為「懶人投資術」。

　　主辦共同基金的投資公司和普通上市公司一樣，以發行股票的

方式向大眾募資。

根據認購和贖回機制不同，投資基金分為封閉型（Closed-End）與開放型（Open-End）兩大類。

封閉型共同基金投資公司以發行普通股的方式招募資金，發行的股票數量是固定的，當基金達預定規模後，便不再接受投資人申購或贖回。發行完畢後，其股票便可以在第二市場交易。

開放型共同基金投資公司剛好相反，其股票發行數量是開放的。這種共同基金可藉由不斷發行新股的方式，招募無限的資金。投資人直接從共同基金公司購買股票，而當投資人賣出持股時，共同基金公司便贖回股票。這是現在最為通行的共同基金。

共同基金公司會將募集來的資金，委託投資顧問代為管理操作，經由專業的基金經理人投資在股票、債券、期貨、貴金屬、選擇權、認股權證（按：Warrant，指一般上市公司發行的權證，約定持有人在規定期間內或特定到期日，有權按約定價格向發行人購買或出售標的證券）、房地產或是其他共同基金的股份等各種投資對象，期望使基金資產不斷成長，讓投資人能分享資金成長的利益。

但這並不代表此種投資絕無風險、一定會獲利，因此，所有由基金操作所產生之收益或風險都將由全體投資人分擔。

每 6 個美國人，就有 1 人投資共同基金

共同基金起源於十九世紀的歐洲。1822 年，荷蘭國王威廉一世

（King William I）創立第一個共同基金，但是為私人擁有；第一個
公開的共同基金則起源於英國。

　　工業革命後，英國中產階級累積大量的財富，隨著國力擴展，
資金由英國流向美洲新大陸與亞洲等地區，謀求海外投資更高的報
酬。但人們不熟悉海外市場，投資風險非常高，錢財被騙的事情經
常發生。

　　因此，為了保障投資安全，投資人開始尋找值得信賴的人士，
委託他們代為處理海外投資事宜，形成投資人與代理投資人之間的
信託事業。

　　1868 年，由英國政府出面組成投資公司，委託專業人士管理，
以國外殖民地的公債投資為主，建立信託基金（Trust Fund），以
利於中小投資者和大型投資者都能享受國際投資的高報酬。

　　信託基金起源於英國，卻在美國以「共同基金」之名蓬勃發
展。第一次世界大戰後，美國經濟快速起飛，國民收入大幅提高，
民眾對投資理財產生強烈需求，共同基金投資公司因此迅速發展。

　　1924 年，總部位於波士頓的麻薩諸塞投資信託金融服務公司
（Massachusetts Financial Services，現為美富信投資管理〔MFS
Investment Management〕）設立了美國歷史上第一家開放式基
金──麻薩諸塞投資信託基金，成立時只有 5 萬美元的資產，在第
一年結束時資產擴增至 39.4 萬美元，目前資產已超過 10 億美元。

　　1930 年代金融風暴中，大量投機泡沫破滅，許多經營不善的
投資公司紛紛倒閉，投資人血本無歸。美國政府為了保障投資人

權益，於 1934 年通過《證券交易法》，1940 年設立《投資公司法》，使得共同基金市場更為健全。第二次世界大戰後形成一股風潮，使共同基金逐漸發展成為穩定和支撐美國證券市場的中堅力量。由於其表現卓越，有人也**將共同基金比喻為推動美國投資市場蓬勃發展的「魔術師」**。

2017 年，美國全部共同基金的資金淨流入為 1,740 億美元，延續指數化投資趨勢，ETF 的資金淨流入達到 4,710 億美元，創下歷史紀錄。

此外，共同基金在美國退休金市場中也扮演著重要角色。2017 年年中的美國投資公司協會（Investment Company Institute）統計資料顯示，92％ 的共同基金持有家庭表示，退休儲蓄是他們的財務目標之一，而 75％ 表示退休儲蓄是他們的首要財務目標。截至 2017 年年底，個人投資者資產占比近 90％，每 6 個美國人中，就有 1 人參與共同基金的投資，家庭投資者數量更是超過 5,600 萬。

投資共同基金可以一次性全部買進，也可以分期分批買進。或者也能採取自動投資方式，每月自動投入一定金額購買共同基金，並且可在任何時候停止執行。

共同基金的蓬勃發展，是社會發展水準的象徵

共同基金有很多分類方法，依風險可分為以下三類：

一、收益型基金（Income Fund）

追求固定而穩定的收入，投資對象多以債券、票券或定存為主。風險較低。

二、成長型基金（Growth Funds）

以資產價值能夠不斷成長為其主要目的，通常是投資股票為主，而以獲利穩定的投資工具（債券、公司債、票券）為輔。風險較高。其中，又可分為「穩定成長型」及「積極成長型」（Aggressive Growth）兩種，後者風險更高。

三、平衡型基金（Balanced Funds）

即收益兼成長型基金，介於以上兩者之間的基金，資金分散投資於股票與債券，在風險與盈利間求得平衡點。典型的平衡型基金，投資人對風險承擔程度隨年齡、個性及不同社會階層而不同。對年輕、較外向的人來說，由於來日方長，可接受的風險較高；而接近退休年齡的人，則較為倚重穩健的資金來源，因此可承受的風險較低。

共同基金有兩大費用：一是手續費，二是管理費。

從 1990 年開始，美國共同基金的費率持續走低。2017 年，股票型基金（主要投資股票的共同基金）的加權平均費率降至 0.59％。與買賣股票相比，投資共同基金的費用較為節省。

　　現代社會發展進步的結果，是大眾趨於富裕，民眾漸有餘財，一般都不甘於存放儲蓄帳戶獲取微利，而是希望善用投資工具，在自己能夠承受的風險條件下，追求最大的經濟效益，並與未來生活計畫（例如退休）結合。

　　由於社會分工機制不容許大多數人將精力放在投資上，也就是說，不可能人人都來當投資專家，因此**由專業機構為大眾進行個性化的理財服務、大力發展共同基金事業，是現代社會正常運行的結果**。從這種意義上看，**共同基金建立健全與發展壯大的狀況，可以說是社會發展水準的一項標誌**。

　　共同基金的發展，還能有效彌補新興市場及轉型經濟中存在的薄弱環節。例如，新興市場中存在投資者結構不理想、投資理念不夠成熟，以及投資管理技能和分析研究能力不足等問題，都可能借助基金業的發展有所糾治。

6 ｜ 選擇權與期貨：
撬動財富的巨大槓桿

衍生性金融商品（Derivative）指從基礎資產或商品中獲得價值的金融商品，是一種既非貸款（例如債券），也非股本（例如股票）的金融工具。它們的價值和回報率，依賴於被衍生的標的（Underlying），例如：資產（商品、股票或債券）、利率、匯率，或者各種指數（股票指數、消費者物價指數，以及天氣指數等）的價值。

衍生性金融商品分為兩大類：一種是選擇權（Options），另一種為期貨（Futures），具體還可細分為交換交易、遠期外匯交易（Forward）、認股權（Stock options）等。一旦購買了衍生性金融商品，便表明你擁有對該標的的某種權力。這些期貨、選擇權等都能在市場上進行買賣。

這裡先簡單介紹一下選擇權。

選擇權是衍生性金融產品的一種，它的價值是從某一股票或債券或商品中衍生出來。

在選擇權中，買入選擇權（Call Option，簡稱買權）是指

擁有在指定期限前,用指定的行使價格(或稱履約價格〔Strike Price〕)購買指定標的物的權利;而賣出選擇權(Put Option)是指擁有在指定期限前,用指定的行使價格賣出指定標的物的權利。而購買選擇權所支付的費用,稱為權利金(Premium)。

以買房看選擇權

舉例來說,某次我朋友老王回中國探親,在上海外灘閒逛時,發現那裡有棟正在建設中的公寓,外觀十分大氣,他立刻被吸引。於是,他走進接待中心,一位服務人員熱情接待他,向他介紹公寓的種種現況,說外灘地段好、房價看漲,6個月後公寓完工,市值起碼人民幣1,000萬元。

服務人員對老王說:「假如你現在付10萬元,我們可以在建成之後以900萬元的價格賣給你,即使那時房價漲到1,000萬元,你還是支付900萬元。但是,若到時你改變主意不買了,你之前支付的10萬元就歸我們所有。」

可能那位服務人員都沒有意識到,她所說的就是最典型的「買進選擇權」。如果屆時你買了房子,且房子的市價也確實漲到了1,000萬元,那麼你賣出房子時,可以立刻獲利100萬元,去掉先前支付的權利金10萬元,淨賺90萬元。假如到時房價大跌,跌破900萬元,你完全可以不買,頂多虧損10萬元權利金。也就是說,選擇權賦予你在未來的一段時間內買賣房子的權利。

　　必須注意的是，「買進選擇權」與「賣出選擇權」並不是一項選擇權交易的買賣雙方，而「買進選擇權」或「賣出選擇權」本身就是買賣雙方的約定。他們之中，只有買方才有權利選擇執行或放棄這個約定。

　　像剛才舉的例子中，我朋友老王和服務人員的這個約定，就是「買進選擇權」，老王是這個約定中的買方，服務人員是賣方，因此只有老王有權選擇屆時是否執行這個選擇權。

　　由上述例子可以看出，選擇權持有人可以按約使用權利，也可以任其作廢，還可以在有效期內將權利轉售給其他人。

　　以下再舉一個例子說明。如果你買了一份國際商業機器公司（International Business Machines Corporation，縮寫為 IBM）股票的「買進」合約，履約價格為 80 美元，你就擁有在規定期限內，以每股 80 美元買入 IBM 股票的權利。如果其股價一直低於 80 美元的話，你就可以不用執行權利；若在這個階段內，IBM 漲到了 100 美元，你就可以執行你的選擇權。這時，賣出「買進選擇權」的那個人，必須按約以每股 80 美元將 IBM 股票賣給你，這樣一來，每股你可以賺 20 美元。

　　而如果你買了 IBM 的「賣出選擇權」，履約價格為 80 美元，你在一定期限內有權以 80 美元的價格賣出 IBM。具體情況可根據「買進期權」的例子來類推，在此不另贅述。

　　必須特別注意的是，以上例子暫且不計購買選擇權所支付的費用。事實上，這筆費用的定價相當複雜，美國兩位數學金融大師費

雪‧布萊克（Fischer Black）和麥倫‧休斯（Myron Scholes）為此專門發明了一個計算方程式，名為「布萊克－休斯模型」（Black-Scholes Model）。

經濟學家羅伯特‧墨頓（Robert Merton）其後修改了數學模型，被稱為「布萊克－休斯－墨頓模型」（Black-Scholes-Merton model），並因此獲得 1997 年諾貝爾經濟學獎（按：麥倫‧休斯已於 1995 年逝世，因此未獲獎）。

近幾十年來，帶來豐厚利潤的證券化、衍生性金融商品早已成為華爾街最主要的業務。從上述買房選擇權的例子可以看到，10 萬權利金就可以撬動 900 萬，槓桿比例高達 90 倍。而華爾街的衍生性金融商品的實際操作，比買賣房子少說複雜 10 倍，槓桿比例更高，且花樣繁多，將風險包裝得漂漂亮亮，誘人上鉤，同時用不可思議的槓桿，使華爾街投資銀行天量獲利！

槓桿加槓桿，獲利（虧損）可達數千倍

「期貨」是買賣雙方在期貨市場上簽訂的一種契約。這種契約定時、定量、定價買長（Long）賣短（Short）某種貨品，包括各種債券、外匯及某種具體實物等。

而期貨不同於選擇權之處在於，在做選擇權時，買「買進選擇權」，或買「賣出選擇權」的那一方，有權決定是否真要履行合約，屆時要是無利可圖，可以放棄；而期貨合約到期時，必須履行

他們的買賣合約。

以前述的買房選擇權為例，如果改為買期貨，還是假定建成之後以 900 萬的價格賣給你，到期後如果房價漲到 1,000 萬，你還是支付 900 萬，賺 100 萬；但是，若屆時房子跌到 600 萬，你還是必須以 900 萬買下來，虧 300 萬！

你可能會擔心，假如買賣合約是實物，例如買了一萬頭牛，到時候要放在哪裡呢？不用擔心！實際上，不會真的將一萬頭牛運到你家門口。要是做「買長」的話，只需「賣短」一個一萬頭牛的合約，就可以關閉（Close）你的部位（Position）了。當然，具體操作起來不會像我說的這麼簡單。

舉例而言，有個農場主人張三，每年收穫 100 噸玉米，正常情況下能賣到每噸 1,000 元。然而，他生怕那年玉米豐收，價格會下跌，就賣了一個 100 噸、每噸 1,000 元的玉米期貨。要是那年玉米價格真的跌了，他的玉米當然賣不到好價錢，但他在玉米期貨市場就賺了，正好彌補虧損。張三所做的就是避險（Hedge）。

而和他簽訂期貨合約的買方李四，就像在賭場裡下注「比大小」，他購買期貨合約完全是一種冒險投機。如果那年玉米的價格超過每噸 1,000 元，他就賺了，而跌到 1,000 元以下，他就虧了。

期貨市場需要買「保險」的張三，為規避風險；也需要投機者李四的參與，賭他的運氣。這兩方就像是一對「歡喜冤家」，缺一不可，少了任何一方，戲就唱不起來了。張三和李四可謂各取所需，又各得其所。

期貨和其他所有衍生性金融商品一樣，是個零和遊戲，就像四個人打麻將，有人贏必定有人輸，在同一段時間內所有贏家所賺的錢，與所有輸家所賠的錢相等。說穿了，**期貨市場只是財富的再分配，並不創造新的經濟價值。**

不過要注意，在前述的兩個例子中，買賣選擇權和期貨的費用都暫且不計，因為計算費用的方式相當複雜。

在國際期貨市場上，一般要透過保證金帳戶來具體操作期貨的買賣，保證金帳戶上，至少需要總交易部位市場價值的 25%，即應用了 1:4 的金融槓桿。而做期貨的保證金比一般證券的保證金帳戶比例更低，只需總價的 5%～10%。保證金加上期貨，可是槓桿加槓桿。在期貨市場中的投機者獲利或虧蝕的幅度，可以是本金的數十倍乃至數千倍。

其實，開創期貨市場最初的目的是很好的，基本上與保險的概念相似。但是，這種投資工具也極其容易被濫用。如今，石油、糧食、鋼鐵和黃銅等大宗物資的炒作，已成為期貨市場金融巨鱷的撈錢之法。

以中國為例，中國在原油期貨市場交易頻繁，因此虧損頗為巨大。這是為什麼呢？

因為油價超穩定的黃金時代，已經一去不復返。比方說，美國在 1970 年之前的 50 年，去除通膨因素，油價長期徘徊在每桶 20 美元上下；可是，自從 1967 年石油禁運開始，到 1973 年的石油危機，再到 1979 年的能源危機，以及 1980 年代的石油過剩，還有

1990 年代的油價飆升，導致石油價格起起伏伏。

　　事實上，導致油價上下波動的因素不外乎以下幾點：

　　首先，石油越來越稀少，這是不爭的事實。按照經濟學的供求法則，任何商品一旦變得越來越少，其價格就應該上漲。但是，這一法則卻不能簡單應用在油價上，關鍵在於定價權，因此石油價格經常完全違背供求法則。而當油價上漲到一定水準時，各國將抓緊開發綠色能源。將來，綠色能源也可能會替代部分石油，這將導致油價下跌。

　　最關鍵的一點是，世界經濟向來與政治息息相關。當今全球的石油交易是以美元結算，當美國需要弱勢美元時，油價便上漲；但從長遠來看，美國需要強勢美元以維護其霸權地位（藉此出售美國債券），因此油價會下跌。

　　以上這些因素，正是油價忽上忽下的奧祕所在。

　　歸根結柢，由於大宗物資的定價權在華爾街的手中，期貨便成了華爾街最擅長的買賣。機構在操作期貨時，一定要小心、小心、再小心；而對於散戶來說，最好就像看到毒品一樣遠離。

第 3 章

金融世界的頂尖大師

1 價值投資的忠實信徒、 華爾街大師坦伯頓

約翰‧坦伯頓（Sir John Templeton）是最受人崇拜的華爾街大師之一，也是美國共同基金的先驅。

坦伯頓的投資風格有三個重點：第一，在大家都沒有信心時進場；第二，分散投資；第三，長期持有——即使在最艱難的時期，而在大家都極其樂觀時賣出。這三點說起來容易，但真正能做到的有幾個人？

坦伯頓與另一位華爾街大師巴菲特一樣，都是**價值投資的忠實信徒**，能把價值投資發揮、運用到極致。

當坦伯頓還是個 12 歲的少年時，他便曾以極低的價格，從一個農民的手裡買下一輛幾近報廢的汽車，並更換汽車零件，而這輛修好的車居然一直開到他中學畢業。他一生的投資理念，便可以從這件事上略見端倪。坦伯頓的名言是：「極端悲觀之時，正是買入的最佳時機。（Time of maximum pessimism is the best time to buy）」當別人都非常樂觀時，他卻反過來操作，賣出、尋找下一輪機會。

不只投資股票，也投資精神領域

當然，坦伯頓不是簡單選擇內在價值被低估的公司，而是選擇所有人都認為無藥可救，已經完全不抱希望的公司。

例如，1939年第二次世界大戰爆發，人們都以為世界末日即將來臨，許多公司都處於破產的邊緣。然而，坦伯頓卻到處借錢，就像當年買下那輛破車那樣，他以100美元購入104家公司的股票，每家公司買一股，每股1美元以下，並連續持有4年之久。

結果，世界末日並沒有來臨，在這104家公司中，即便有34家破產，最後一文不值的股票也有4支，但其他大多數股票的股價，都隨著同盟國節節勝利而大幅上升。4年後，他賣出這些股票，獲得4萬美元，賺了400倍！這也是他人生第一桶金的來源。

如果說12歲那年的買破車事件純屬偶然，大戰之時買進股票也是因為運氣好。那麼，他建立的第一個共同基金「坦伯頓成長基金」（Templeton Growth Fund）就絕非湊巧：幾十年來，這個基金的平均回報率都達13.5%！

英雄之所以為英雄，確實和普通人不同。坦伯頓和巴菲特一樣，都過著極其簡約的生活，一生中從來沒有坐過頭等艙，也從來不開名牌車，和普通的美國中產階級沒有多少區別。我崇拜他，並不只因為他會賺錢——在華爾街，比他錢賺得多的人還有不少。我真正崇拜的是他的人生觀和價值觀。

在近代美國，鋼鐵大王安德魯·卡內基（Andrew Carnegie）創

立的卡內基圖書館（Carnegie library），體現了美國民主鍍金時代（Gilded Age，約 1870 年代至 1900 年）的信心；石油大王約翰・洛克菲勒（John Rockefeller）創立的洛克菲勒大學，則體現美國科學世界改良論的進步時代（Progressive Era，約 1890～1920 年）。但是，要定義我們這個時代的慈善家，不是靠創立一所大學，或捐獻收藏的藝術品，又或者捐贈其所有財產。

現代的慈善家，必須集宗教慈善、投資精神以及哲學為一體，而約翰・坦伯頓正代表著這樣的特點。

進入華爾街之前，坦伯頓畢業於耶魯大學（Yale University）經濟系，是個典型的學者。1954 年，他成立坦伯頓成長基金，是**最早提出擴展到美國以外國際市場的偉大全球投資者**。他選購的國際股票，更是早在其他投資人還沒有注意到這些股票之時。

晚年的坦伯頓，在他事業如日中天時功成身退，移居英國，全身心投入慈善工作，在精神領域繼續「投資」——1992 年，他賣掉公司，成立約翰・坦伯頓基金會（John Templeton Foundation），開始把全部金錢和時間都用來做慈善。2005 年，坦伯頓以 5.5 億美元的捐款，進入全球前 50 名慈善家行列。

與其他慈善家相比，坦伯頓更注重精神層面。坦伯頓雄心勃勃的目標是：統一及調和科學與宗教，以促進社會的進步。在美國，坦伯頓幾乎是唯一一個恢復宗教科學領域的人。他每年向 100 所學校發放 1 萬美元，支持他們研究科學與宗教，並以同樣多的資金給醫學院開設「癒合和靈性」（Healing and Spiritual），即精神治癒

的課程。他每年發出的獎學金，都超過諾貝爾獎的金額。

　　他就像是中國傳統故事中半路出家的高僧，忽然間看破了紅塵一樣，過著遠離塵世的生活──從事慈善活動，追求精神的慰藉，並悟出了許多人生的道理。為此，坦伯頓還寫了一本書，書名為《投資之神坦伯頓的黃金法則》（*Worldwide Laws of Life*）。他在書中羅列了 200 條永恆的精神和倫理規律，並認為它們在任何地方、任何時間，都可以適用於任何人。

　　真能制定出這樣的規律嗎？這是坦伯頓毫不掩飾的、樂觀的、科學的想像：「引領高尚生活的基本原則是可以檢驗和測試的，就像檢驗科學和測試宇宙的自然規律。」

2 絕不輕易投機的股神 華倫・巴菲特

　　因獨到又奇特的投資眼光而聞名世界的股神華倫・巴菲特，於 2019 年 5 月 4 日與查理・蒙格（Charles Munger）一同召開波克夏・海瑟威的第 54 屆股東大會。這次股東大會異常隆重，吸引全球五萬多名巴菲特粉絲前往參與，畢竟股神年事已高，這樣的機會應該珍惜。

　　那次股東大會上，巴菲特在長達六個多小時的問答環節，回答了五十多個問題；而不在現場的投資者們，則是徹夜觀看直播影片，想要從中學習一二。

　　為什麼將巴菲特稱為股神？在過去的五十多年中，**巴菲特憑藉其豐富經驗與敏銳眼光所進行的投資，幾乎每年的回報率都超過 20%，只有 2 年出現虧損**。一般人想要創造長期穩定的收益都是難上加難，回報率超過 20% 更是天方夜譚，但巴菲特做到了，他創下了這個史無前例的投資奇蹟。而且，他的財富大多來自股市投資，他是股市投資的常勝將軍，股神之稱名副其實。

巴菲特投資理念：只投資熟悉的產業

其實，巴菲特所投資的公司特點都有跡可循。瑞士信貸集團（Credit Suisse Group AG）研究分析師團隊負責人布米卡・加什蒂（Bhumika Gashti）曾在研究中表示，**巴菲特近年來對投資股票的標準為高回報率、抗通膨能力強、債務負擔小或無債務、管理良好並易於理解的公司。**並且，無論是哪個行業，**巴菲特都會挑選表現最好的前兩、三家公司投資。**

例如，巴菲特在保險行業投資了兩家表現極佳的公司：美國最大的保險公司之一「通用再保險」（General Reinsurance Corporation），以及美國最大的汽車保險公司之一「政府僱員保險公司」（Government Employees Insurance Company，縮寫為 GEICO）。因為保險公司具有穩定的現金流通量，只要計算準確，投資風險是可控的，投資回報更可以用數值掌控。

而在食品方面，巴菲特投資了可口可樂公司（The Coca-Cola Company），波克夏・海瑟威擁有可口可樂公司 10% 的股份，是其最大的股東；在醫療保健領域，巴菲特投資了全球超過 250 家子公司、產品銷售遍及逾 170 個國家與地區的嬌生公司（Johnson & Johnson）；在其他日用品方面，巴菲特投資了地毯公司 Shaw Industries 與家具公司 Nebraska Furniture Mart。這些公司都滿足巴菲特的投資特點：**它們基本上不會被經濟週期左右，獲利穩定。**

波克夏・海瑟威不僅是可口可樂公司的最大股東，還是金融

服務公司「美國運通」（American Express）、富國銀行（Wells
Fargo）及美國合眾銀行（U.S. Bancorp）的最大股東。其中，美國
運通在金融服務業價值最高，富國銀行擁有全球最大市值，合眾銀
行也是美國七大銀行之一。

近年來，巴菲特幾乎不投資高科技公司，但他在 2011 年時，
曾投資了 IBM，持有其 8.5% 的股份，是當時 IBM 的最大股東。這
是巴菲特的一次嘗試，但顯然以失敗告終。巴菲特投資了 130 億美
元，卻在將近 6 年的時間內虧得精光。這次嘗試徹底打消了他投資
高科技公司的想法，並更加堅定了他追求風險可控、回報可期的投
資信念。

因此，即使巴菲特錯過了投資谷歌（Google）、亞馬遜
（Amazon）和臉書（Facebook）的機會，也並不覺得可惜，他堅
持投資可口可樂、通用再保險與美國運通這類傳統公司，依然是明
智之舉。

至於他投資蘋果公司（Apple Inc.），是在蘋果成熟之後的事
情。當時的蘋果在巴菲特眼中，已經不是風險不可控的高科技公
司，而是有持續收益的消費品公司，波克夏・海瑟威此時入股只有
好處，沒有壞處。

總之，**巴菲特的策略就是投資自己熟悉的產業，如此能最大程
度掌握投資環節的諸多不可控因素，實現利益最大化、保護股東的
權益**，而不是像一些投機取巧的公司，只看見眼前的財富，卻忽略
長遠的發展。

沒有值得投資的標的，寧可持有現金

　　不過，巴菲特也確實曾出現違反他投資理念的行為。例如，他偏離以往的「棄輕求重」，投資了北伯靈頓和聖塔菲鐵路公司（Burlington Northern and Santa Fe Railway Company）。

　　此外，向來堅持「只買不賣」的股神， 在中國的一次投資中也打破了自己的原則。2003 年，巴菲特首次進駐中國，便購入了中國石油天然氣股份有限公司（簡稱中國石油）5 億美元的股份。這一消息不脛而走，信賴股神的股民紛紛攥緊手中的中國石油股，堅決不賣。他們盲目的相信，只要跟緊巴菲特的動作，賺大錢不過是小菜一碟。

　　天有不測風雲，一貫堅持「只買不賣」的股神，卻在 4 個月後將手中的股票悄悄悉數拋出，獲利 35 億美元。而不知情的中國股民仍然緊握中國石油的股票，隨後股價大跌，許多中國股民損失慘重。

　　然而，在 2018 年股東大會上，巴菲特特別強調自己很看好中國股市，對於他的夥伴蒙格所說的「中國股市將會跑贏美股」表示贊同，大有擴大投資之意。

　　而中國股民有了之前中國石油的教訓後，明白無論何時絕不能盲目跟風，就像巴菲特只投資自己熟悉的行業一樣，他們也當如此。如果非要借鑑巴菲特的投資經驗，大可研究他投資過的美國公司，並在中國尋找對標的公司投資，既可以減少時間成本，也可以避免不必要的金錢損失。

除了股市，**巴菲特在黃金問題上也是行家**。他堅持自己一貫的**觀點，認為從長期來看，投資黃金的複合增長率非常低，黃金不能保值**。

從歷史的資料來看，黃金的保值屬性是經不起推敲的。從 1980 年代到 2000 年，差不多有 20 年的時間，黃金沒有大漲過。考慮到通膨因素，再考慮 1990 年代美國股市的繁榮，其實這一段時間，黃金實際上是在貶值。

直到 2000 年後，黃金才開始強勢起來，給予人們黃金能夠保值的假象。然而，根據華頓商學院（Wharton School）教授、美國聯準會和華爾街優秀投資機構的顧問傑瑞米・西格爾（Jeremy Siegel）的分析，從 1801 年至今的兩百多年中，投資黃金的 1 美元僅僅變成了 1.4 美元。也就是說，**隨著金價的上下波動，投資黃金兩百多年的實際年收益率近乎於零**。

這正是巴菲特在股東會上所說：「如果你在基督時代（按：指西元初）買過黃金，並且用複利計算，也只有百分之零點幾。」這和巴菲特之前反覆強調的相同：黃金不能保值。我也多次表達了和巴菲特一致的觀點：從長線來看，黃金無法保值、增值，別說熊市，哪怕在牛市之中也一樣。

最後，巴菲特明確點明：買比特幣的人和投入黃金一樣，只指望它價格上升，藉由價格之差獲利，那就只是投機的賭博行為，這和投資一家公司，希望這家公司不斷做大、投資者都能獲利的投資行為，是完全風馬牛不相及。

　　總之，巴菲特的投資理念其實非常清晰，就是**只投資、少投機，甚至不投機**。再特別提一下，截至 2019 年第三季度，波克夏·海瑟威公司帳面上有 1,280 億美元的現金（按：2023 年 11 月，波克夏·海瑟威公司的現金儲備量創下新高，達 1,572 億美元），這充分說明，**如果沒有值得投入的資產，巴菲特寧願現金為王，也絕不輕易投機！**

3 | 樂於工作、107 歲還不退休的投資大師卡恩

　　歐文・卡恩（Irving Kahn）不只是華爾街，甚至可以說是全世界最年長的投資經理人。人們很難想像，2012 年 12 月 19 日，當他吹熄 107 歲生日蛋糕上的蠟燭時，還尚未打算退休（按：卡恩於 2015 年 2 月 24 日逝世，享嵩壽 109 歲）。

　　每天早上 7 點，卡恩準時起床，吃完早餐後，到書房閱讀一些非小說類書籍。他 9 點準時從紐約曼哈頓上東城的家出發，坐公車或步行 20 條街，來到位於麥迪遜大道（Madison Avenue）的「卡恩兄弟集團」（Kahn Brothers Group）──這是他與兒子共同創立的公司。卡恩每週工作 5 天，樂此不疲。

　　卡恩到辦公室的第一件事，便是閱讀《華爾街日報》（The Wall Street Journal），以及與投資相關的財經新聞，接著審閱公司每一筆買進和賣出的交易紀錄。有時他會親自坐鎮會議室，在 45 分鐘內完成 1,000 萬美元的大交易。

卡恩的價值投資：「合法」企業

　　卡恩早年是哥倫比亞大學（Columbia University）商學院的助教，是班傑明・葛拉漢（Benjamin Graham）的學生（也就是說，他是巴菲特的師兄），一直追隨恩師堅持「價值投資」的理念，從1928 年起便在華爾街做金融分析。

　　卡恩所認為的「價值投資」，是具有穩固根基的「合法」企業——這當然是他幽默的說法。卡恩所謂的「合法」，是指**生產食品、服裝和其他生活必需品的企業**，因為「每個人都想要乾淨的襯衫，想購買寶僑（Procter & Gamble，簡稱 P&G）產品」。他所投資的企業無一例外，都有豐厚的股息分紅。

　　而健康長壽的另一大優勢，是讓卡恩有足夠時間發現並投資新的領域。例如在 1930 年代，儘管經濟大蕭條，廣播和電影兩大領域卻異軍突起、蓬勃發展；而到了 2010 年代，環境和能源技術是他潛在的投資領域。

　　在華爾街證券業，只有卡恩的競爭對手、金融家羅伊・紐伯格（Roy Neuberger）可與他一較高下。紐伯格 107 歲去世，但他 99 歲時就已退休，離開競爭激烈的華爾街。因此，卡恩既長壽又健康（無任何疾病），高齡仍快樂的工作著，就不能不令世人震驚和嘖嘖稱奇了。

　　媒體當然不會放過請教卡恩健康長壽的祕訣，卡恩則回應：**「每年有數以百萬計的民眾死於這些、那些疾病，只能說這些人缺**

乏智慧和控制他們衝動的能力。」

　　雖然卡恩說得非常不客氣，但其實仔細觀察一下我們周圍，就會發現很多有條件消費的富人，憑藉財富過著毫無克制的奢靡生活。例如國際巨星惠妮・休斯頓（Whitney Houston）因吸毒斷送事業，2001 年賺進 1 億美元（按：約新臺幣 33 億元）的唱片續約金也花費殆盡、面臨破產地步，2012 年 2 月 11 日，她被發現溺水猝死在酒店，疑似因混用酒精與處方藥物所導致，令世人扼腕痛惜。

　　而無條件消費奢侈品的上班族，也往往會為購得一款名牌包或豪華汽車，千方百計「創造條件」去消費。他們或許靠借貸，「用明天的錢圓今天的夢」，或許節衣縮食、積攢數月薪資，抱著「別人有我也要有」的攀比心理，拚命賺錢、拚命消費，變成只知價格（price）、不知價值（value）的盲從購物者，結果非但沒有增加自信，反而因過分依賴名牌，身心陷入空虛、無力和焦躁。

　　其中比較極端的例子，是《三湘都市報》（按：中國湖南日報社發行的晚報）刊登的一則事件：年僅 17 歲的小王透過網路找到黑心仲介，想賣腎換錢。在黑心仲介的牽線下，他奔波千里來到郴州（按：位於湖南），做完檢查後，在郴州一家醫院的男性泌尿科動了手術，事後得到人民幣 2.2 萬元。拿到錢後，小王立刻購買了他渴望已久的蘋果手機和 iPad2。

　　由此可見，在當今的商業社會，商品廣告誘發了人們的物質欲望，使許多人迷失在物欲世界，消耗了生命。多數人都無法像卡恩那樣，富有卻熱愛簡單、樸素的家庭生活，每天中午回家陪愛妻

吃午飯。他不打高爾夫球，不加入付費俱樂部，不購買週末度假別墅，不養車，甚少獨自旅遊。

卡恩以他健康、快樂和豐富的人生，向人們道出生活的真諦：**停止購買你並不真正需要的東西，注重生活，你就會長壽和快樂！**

4 把別人的錢當自己的來管理，投資奇才許羅斯

每當提起投資大師，閃過我們腦海的往往是巴菲特、索羅斯，或是以投資商品期貨聞名的「商品大王」吉姆・羅傑斯（James Rogers Jr.），或曾任麥哲倫基金經理人、年平均複利報酬率達29.2％的彼特・林區（Peter Lynch），鮮少有人知道華特・許羅斯（Walter Schloss）也是華爾街的投資奇才。

在競相「玩別人口袋裡的錢」（Play other people's money）的華爾街，如果問我在不考慮其他任何條件（例如仍在世與否）之下，把錢交給誰去「玩」最放心，我會毫不猶豫的選擇許羅斯。

為什麼？因為在**許羅斯近 50 年的投資生涯中，曾歷經 18 次經濟衰退，但他所管理的基金卻贏得 20％ 的複合年均成長率，扣除費用之後的複合年均成長率達 15.3％，遠高於 S&P 500 10％ 的表現**，該基金的累計回報更是高達 698.47 倍，大幅跑贏 S&P 500 回報率的 80 倍。

或許用百分比來形容投資回報率還太抽象，以具體的數字來舉例會更貼切。如果你在 1955 年投入 1,000 美元到許羅斯的基金，到

了 2002 年，其價值將超過 100 萬美元，也就是說，1955 年的每 1 美元，到 2002 年就變成了 1,000 美元。這麼**長期的超穩定回報，除了巴菲特，華爾街幾乎沒有人能與他相比。**

把「別人口袋裡的錢」，當成自己的錢

而許羅斯管理基金的最大特點，也是最值得股東信賴的要素之一，就是**他在「玩別人口袋裡的錢」**時，不像其他基金管理人，無論賺錢賠錢，必先扣去 2%～3% 的管理費放進自己的腰包。許羅斯是在**管理的基金盈利時，才收取 25% 的業績提成，否則分文不取**，這一點最令人崇敬和佩服。

為了降低管理成本，許羅斯採用的策略如下：

首先，**他從不僱用證券分析師、交易員，甚至連祕書都沒有。**他的兒子是他唯一的僱員，兩人共用一支電話，在小到被巴菲特戲稱為「壁櫥」的辦公室裡，幾十年如一日的做出驚人的投資之舉。

其次，**他幾乎從未出現在任何財經節目和報導中，他的基金也從未做過任何行銷**。他不做調查研究，幾乎不與外界溝通，也沒有特別的資訊管道，只在辦公室打電話向上市公司索取財務報告，認真仔細的閱讀，平均每兩週尋找一檔新股票。

最後，也是最重要的一點，在許羅斯的 92 個股東裡，很多人並不是有錢人，每一筆投資對他們的家庭來說都至關重要。因此，**他堅持把資產的安全性放在首位**，每年出具一封簡單的信件，說明基

金的投資業績和成本支出等情況。

　　由於許羅斯珍惜投資人的每一塊銅板，並深知一旦虧損，就很難再賺回來。所以，**在跌宕起伏的股市裡，他把「別人口袋裡的錢」，當成自己的錢來管理，從不投資金融槓桿過高的產品。**

　　但凡在股市裡打滾過的人都知道，「投資」是一種具有風險的行為，而投資者一般都認為高風險帶來高回報，但其實不然。舉例來說，定期儲蓄被認為是一種低風險、低回報的投資，因為當你把現金存進銀行，獲得的僅僅是利率回報（定期利息），不過無論怎麼說，你的投資還是增值的，只是增值不多而已。

　　而投資股票則被認為是高風險、高回報的行為，因為你進入股市時，並不能知道有多少回報。但如果一切順利的話，你會得到高回報（股息）；但也可能顆粒無收，甚至「斷腕割肉」。

　　例如美國銀行（Bank of America）和花旗銀行（City Bank）等股票，都是從原先的每股幾十美元，跌至幾美元，甚至跌到一股僅幾分錢。這是許羅斯最忌諱的股票，他挑選的大多是價值型股票（有配息分紅）。

　　如果華爾街人都能像許羅斯那樣「玩別人口袋裡的錢」，證券市場或許就能健康發展，經濟危機也可能減少，甚至不出現。遺憾的是，許羅斯只有一個，獲得「超級投資家」美譽的他，在 2012 年 2 月 19 日過世，享耆壽 95 歲。

華特‧許羅斯的投資黃金法則

華特‧許羅斯的 10 條投資黃金法則如下：

一、相對於價值來說，價格是最重要的因素。

二、以帳面價值為出發點，確定企業的價值。記得，股份代表了一個企業的一部分，不只是一張紙。

三、有耐心，股市不會馬上上漲。

四、不要讓你的情緒影響你的判斷，不要因為消息、建議或突然上漲而買入。

五、一旦你做出決定，就要勇於相信自己。

六、樹立自己的投資理念，並努力遵守它。

七、按照資產淨值的折扣價買入，這比以企業獲利為標準買入更可靠。

八、聽從你所尊重的人的建議，但並不意味著你一定要接受。

九、記住複利的魔力。記住 72 法則，72 除以你的回報率，將告訴你多少年你的錢會翻倍。

十、小心槓桿。它可能對你不利。

5 | 彼得・林區談股票市場的 4 個危險說法

我欣賞的另一位華爾街大師，是彼得・林區。

他出生於 1944 年 1 月 19 日，是股票投資家和證券投資基金經理。目前他是全球最大的公募基金富達投資管理公司（Fidelity Investments）的副主席、富達基金託管人董事會成員之一，現居波士頓。

在彼得・林區出任麥哲倫基金（Magellan Fund）基金經理人的 13 年間，麥哲倫基金管理的資產由 2,000 萬美元增長至 140 億美元，基金投資人超過 100 萬人，成為富達的旗艦基金，基金的年平均複利報酬率達 29.2%。

彼得・林區在一次經典演講中，談及他對股票的認識。他表示：「這些要點對我而言關係重大，我認為它們對試圖在股市中賺錢的人，也有重要的作用。」

其核心觀點「股票市場常見的 4 個最危險說法」如下：

危險說法 1：既然股價已下跌這麼多，還能再跌多少？

「在我剛開始為富達工作時，我很喜歡凱薩工業公司（Kaiser Industries Corporation）這檔股票。當時，凱薩的股價從 25 美元跌至 13 美元。那時我就使用了『危險的說法 1』這條規則。我們買入了美國證券交易歷史上規模最大的單一一宗交易。我們要不是買入 1,250 萬股，就是買入 1,450 萬股，買入價是 11.125 美元，比市場價格低 1.5 美元。我說：『我們在這檔股票上做的投資多好啊！它已經下跌至 13 美元。從 25 美元跌到這個水準，不可能跌得更低了。現在是 11.125 美元。』

「當凱薩的股價跌至 9 美元時，我告訴我母親：『趕緊買，既然股價已經下跌了這麼多，它不可能跌得更低。』幸運的是，我母親沒有聽從我的建議，因為股價在接下來 3 個月跌至 4 美元。

「凱薩工業沒有負債，它持有凱薩鋼鐵（Kaiser Steel）50％的股份、凱撒鋁業（Kaiser Aluminum）40％的股份，以及凱薩水泥、凱薩機械和凱薩廣播 30％的股份——該公司共計持有 19 家子公司。在那個時點，由於股價跌至 4 美元，1 億美元可以把整個公司買下來。

「回想那時，一架波音（Boeing）747 飛機的售價是 2,400 萬美元。如今，我想這麼多錢連波音 747 的一間廁所都買不了——或許可以買一顆引擎。不過，那時凱薩工業公司的市值可以買下 4 架波音 747 飛機。該公司沒有負債，我不擔心它會破產，但我買入得

太早了，不能再買入更多股份，因為已經達到上限。

「4 年之後，他們清算了持有的所有資金，這檔股票成為一次很好的投資。最後每股的價值是 35 美元或 40 美元。但是，僅僅因為一檔股票的價格下跌很多而買入，不是一個好的投資思路。」

危險的說法 2：股價才 3 美元，我是能損失多少？

「第 2 個危險的說法非常重要，我常常聽到這個說法：『股價才 3 美元，我能賠多少？股價只有 3 美元。』

「現在，我們計算看看，回到最基本的數學知識。如果你買入兩檔股票，一支股價為 60 美元，另一支為 6 美元，你在這兩檔股票上面各投入 1 萬美元。如果他們的股價全都跌至零，你賠的錢完全一樣。這很明顯，結果就是這樣。但人們就是不相信這一點。你們回家之後自己算一算就知道了。

「很多人經常說：『天啊，這群笨蛋竟然購入價格為 60 美元的股票，我買的股票只有 6 美元。我這個投資多好啊！』但是，注意觀察那些透過做空股票賺錢的人，他們不會在股價達到 60 或 70 美元，且仍然處於上漲時做空這檔股票，而是在股價下降的過程中殺進來，在股價跌至 3 美元時放空。那麼，是誰接手這些人放空的股票呢？就是那些說『股價只有 3 美元，還能跌到哪裡去』的人。」

危險的說法 3：最終，跌的全都會反彈回來

「以美國無線電公司（Radio Corporation of America，常簡稱為 RCA 公司）為例。它曾經是一家非常成功的企業。RCA 的股價反彈回到 1929 年的價位，花了 55 年。可以看出，當時它過高定價的程度有多高。所以，抱牢一檔股票並認為它終將反彈到某個價位的想法，完全行不通。Johns Manville、Double-knit Merlo's、floppy disk 這些好東西、好股票，它們的股價跌下去之後就沒有反彈回來。不要等待這些公司的股價反彈。」

危險的說法 4：等股價反彈到 10 美元時，我就賣出

「一旦你說了這句話，股價就永遠不會反彈到 10 美元——永遠不會。

「這種情況發生了多少次？你挑選了一個價格，然後說：『我不喜歡這檔股票，當股價回到 10 美元時，我就賣出。』這種態度將讓你飽受折磨。股價可能會回到 9.625 美元，但你等一輩子，可能都等不到它回到 10 美元。如果不喜歡一家公司，不管你當時的買入價是 40 美元還是 4 美元，如果公司成功的因素不在了、如果基本面變弱，你就應該忘記股票以前的價格走勢。

「希望和祈禱股價上漲沒有任何用處。我曾經試著這麼做過，沒用。股票可不知道是你在持有它。」

第 4 章

理解危機，規避風險

1 ▷ 金融危機怎麼來？

社會貧富過於懸殊，必定會造成金融危機。

一百多年前，美國從銀本位制轉換為金本位制，就是每單位的貨幣價值，等同於若干重量的黃金。而隨著生產力迅速提高，商品產出急增，對貨幣的需求也猛增。

儘管黃金比白銀貴重，卻因金屬貨幣畢竟有限，當財富越來越集中在少數人手裡時，社會流通的貨幣就少了。例如二十世紀大蕭條前，因為生產的商品無法售出，形成了「產能過剩」，也就是生產力大大超過黃金的總量，最著名的一個場景就是資本家寧願將牛奶倒入大海，也不願降價出售。但另一方面，有無數嬰兒因沒有牛奶喝而營養不良，甚至死亡。

富蘭克林·羅斯福（Franklin Roosevelt，1933～1945 年間出任美國總統，常被稱為小羅斯福總統）的新政中有一條規定，把美國民間所有的黃金都收歸國有，從而廢除了金本位制，接著又發行信用貨幣，這才度過了大劫難。如果說那次危機是金本位惹的禍，其實只說對了一半，**更關鍵的原因是財富不均**。

生產與需求失衡，經濟危機爆發

我們時常看到這種現象：一方面，富人們錢多得花也花不完，也無需再花費，因為他們和普通人一樣，一天吃不了 20 頓大餐，晚上睡不下 18 張大床，更不可能同時開 10 輛豪華汽車；但另一方面，普通民眾買不起房、坐不起車。

由於通貨膨脹相對削弱了人們的購買力，一般百姓的實際收入便下降了。而造成通膨的原因，是虛擬的需求被放大，鼓勵提前消費、借貸消費的模式，使 98％ 的人口越來越依賴於 2％ 的富人，因為富人掌握著整個社會的金融命脈，每一美元都來自於借貸的金融系統。因此，為了住「自己」的房子、開「自己」的汽車，甚至為了能把食物擺在餐桌上，98％ 的大眾就不得不向他們借貸。

當不幸之人無法償還債務時，金錢的來路便被富人切斷了，他們停止借錢。隨著破產的人越來越多，對市場上的商品和服務的需求開始下降。接著，企業開始解僱員工，導致這些人無法償還債務或把食物擺上餐桌，形成惡性循環。身為社會消費主體的一般民眾，其購買力大幅下降，而剩餘的產能富人們又消化不了，生產和需求就失衡了。**一旦少數人的消費，不足以支撐社會總產能時，經濟危機就爆發了。**

如果社會財富不那麼大幅集中在富人手裡，情況便會完全不同。只要一般百姓手中有足夠的錢，購買力便會大大增加，經濟才可持續且繁榮發展。

　　有些專家分析，一旦美國開動印鈔機印製美元，馬上就要通貨膨脹。其實，這一說法違背了最基本的經濟常識。**通膨是在充分就業、物質供不應求，總支出大於總產出時才會產生**。舉例而言，中華人民共和國成立前夕，戰亂使生產力大幅下降，貨物供不應求，在這種情況下錢才會不值錢。但當全球失業率大大飆升、物質供給遠大於求，哪來的通貨膨脹呢？

　　美國一兆多次級房屋貸款（按：Subprime Mortgage，還款人普遍信用低於平均水準的貸款統稱。因還款人信用紀錄較低、能否還款的疑慮較高，一般被收取更高的利息），衍生出帳面金額高達 65 兆美元的衍生性金融商品。泡沫破滅之後，虛擬財富大幅度縮水，發行 1～2 兆美元，只是為了疏通信貸，以免金融機構如多米諾骨牌（Dominoes）般相繼倒閉。2 兆和幾十兆虛擬財富的縮水相比較，簡直是小巫見大巫，根本不在同個量級。

2 | 美國的次貸危機

2008 年金融危機，起源於美國的次級房屋貸款。

其中，提供次級貸款的兩大公司——房利美（Fannie Mae）和房地美（Freddie Mac，以下簡稱「兩房」）——轟然墜地，影響了美國經濟的運行。

它們究竟是誰？為何能把美國攪得天翻地覆？

次貸危機，就像一場「完美比賽」

「兩房」實際上是由美國政府贊助的企業（Government Sponsored Enterprises）。兩房主要來自政府的支持，與美國財政部組成信貸額度。這一點，得追溯到這兩家公司的歷史——兩房成為私人擁有者之前，都是公共機構。

房利美舊名為「聯邦國民抵押貸款協會」，它作為政府機構，創建於 1938 年，是美國大蕭條後富蘭克林・羅斯福總統的新政之一，目的在於提供流動資金給抵押市場，減少未來在經濟危機時跳

樓的人數。30 年後，房利美幾乎壟斷了全美國第二抵押市場。

1968 年，房利美被轉化為私營公司，其活動與債務自聯邦年度預算中刪除。它不再是政府發行抵押貸款的擔保人，原有的責任被轉移到新的「政府國家抵押貸款協會」（Government National Mortagage Association）。

而房地美舊稱是「聯邦住房抵押貸款公司」，是房利美的孿生兄弟。美國政府為了不使房利美過於龐大、壟斷市場，1970 年將其分割出來，成為第「二房」。兩房的總部均設在美國的心臟華盛頓特區附近。從一開始就是作為政府實體經營，當轉化為私人擁有之後，還保留著政府支持的特質，以鼓勵發展私人二手市場。

這兩家公司並非直接把貸款借給購房人，而是擁有並擔保了全美國一半以上的住房貸款。所謂「擔保」，是指這兩家公司承諾：**在屋主還不出房屋抵押貸款時，由他們及時支付利息和本金給房貸發放者**。只要購買了它們擔保保險的購房者，就不怕因為還不出貸款而跳樓了。

另外，對於不買它們擔保保險的房貸，發放貸款的金融公司（包括銀行及各類金融機構）也會樂意支付這筆擔保費用。這樣使得購買的抵押債務有信用保證，不管借貸者是否償還，兩房都保證會償還所有債務的利息，甚至本金。

這些年，他們財大氣粗，從發放房貸的金融公司購買抵押契約。由於發放房貸的金融公司發放大量的次級房貸，在高回報和預期房價不會下跌的情況下，兩房一併大量買入。由於次貸的還款利

息特別高，次貸的持有人要向發放房貸的金融公司交付高於普通房貸款 2% 以上的利息。而兩房購買這類貸款合約時，可賺得高於普通房貸 1.5% 以上的利息。

由於兩房私有化之前的政府背景及壟斷地位，**次級房貸經過他們的「精美包裝」之後，成為價值幾兆美元的債券，並獲得證券最高評級，幾乎跟美國的國庫券一樣可靠**，被評為 AA 級，似乎是固若金湯、只賺不賠的投資，且回報更高，各國政府、共同基金、退休基金、保險公司及個人投資者趨之若鶩。於是，巨資不斷湧入。

巨資湧入為兩房帶來大量的「彈藥」，兩房便將這些「彈藥」再轉手填入金融機構，金融機構就有更多的錢發放次級貸款。如此周而復始的循環，美國的房價便像氣球般越吹越大，飆向天際。

這一切就像一場「完美比賽」（按：Perfect Game，棒球比賽的術語。1991 年後美國職棒大聯盟規定，一場至少 9 局的球賽裡，所有打者皆不能安全上一壘才能稱之），其**假設只有一個：美國房市只漲不跌**。在這個前提之下，購房者獲得還貸的資金保障，投資兩房的人則獲得源源不斷的回報，兩房自身也賺得滿坑滿谷，真是皆大歡喜。

遺憾的是，越是不願發生的事，就越會發生——這就是莫非定律（Murphy's Law）。世上沒有一棵樹會永遠朝上長。房子是商品，既然是商品，就必然會遵循經濟規律供求關係的法則，房價就不可能只漲不跌。

當有效需求不足時，美國房市的泡沫自然會破滅。還不起房貸

的人越來越多，兩房付出的擔保金也越來越多，金融機構隨之收緊貸款，可以放給兩房的抵押契約也越來越少，兩房的「水源」便越來越枯竭；而法拍屋的金額根本不值其控股的房貸抵押，惡性循環越演越烈，發展到最後，不得不由美國政府出手接管。可以說，房價下跌是導火線，次貸危機是火上澆油。

3 有「危」就有「機」：危機的啟示

　　中文「危機」這兩個字，蘊藏著深奧的哲理，有「危」就有「機」。假如我們能從歷次的金融危機中吸取經驗教訓，危機就可能是投資者（而非投機者）的絕好時機。

　　這段話聽起來有些不可思議。因為金融危機已經被定性為百年不遇，市場和經濟混亂不堪，理不出頭緒。但事實上，正是在如此恐懼和不明朗的前景中，才充滿了機會。

　　投資管理公司 GMO LLC 創始人、多年來一向奉勸投資者謹慎行事的傑瑞米・格蘭瑟姆（Jeremy Grantham）寫道：「過去 20 年是空前的，全球股市受到高估，尤其是美國股市。現在，終於，它們變便宜了，而且可能將變得更便宜。我相信，這可能帶來一輩子只有一次的投資機會。」

　　巴菲特當時也抄底（按：bottom fishing，因特殊事件導致股價暫時低於實際價值的股票，投資人預期股價將會反彈而購入的操作策略）股市，雖然他抄底過早而被套牢，但我相信，這可能真是一輩子只有一次的最佳投資機會！

　　在金融危機中，股票價格已被擠掉大多數水分。雖然很難保證會快速反彈，但你今天的投資，很可能會比崩潰前的投資獲得更高的回報。

　　金融危機也讓大家真正了解什麼是投資風險。那些在牛市中輕易賺到錢的人，很容易被一種虛假的安全感迷惑，以為風險不過是說說而已，往往對任何股市泡沫破滅的預警置若罔聞。然而，我們之後所看到的風險都是真實，且具災難性的。

　　不過，人們往往很容易從一個極端走到另一個極端。絕大多數人從金融危機中得出結論：股票，以及其他各類金融資產，包括房地產，都太危險。許多人都因此認為：「過去一年的經驗告訴我們，現金為王，最安全的投資是聯邦存款保險公司的定期存款。」

　　我覺得，這話看來的確沒錯，不過這是一種過度反應。**風險和投資形影相隨，不存在絕對沒有風險的投資。一旦沒有風險，機會也就根除了。關鍵在於，你要了解你能承擔多少風險，並學會如何管理它。**

　　新的投資者應該從金融危機中，學會以下幾個值得借鑑的教訓，並應用到現在或將來的投資決定中。而有經驗的投資者也應該將其考慮在內。

投資禁止「複雜」

　　在危機發生的前幾年，金融投資回報太好了。即使網路泡沫破

滅，還有接下來五年牛市的股票市場，更不用說振奮人心上漲的房地產市場。這很容易使人們假設可以完成這樣的財務目標：只需最少的存款，便可靠著複利和槓桿的效果，達到最高回報。

其實，這是非常不健全的投資策略，但直到金融危機發生，我們才開始看清它的缺陷。事實上，根據投資公司普特南（Putnam Investments）的研究報告指出，存款是相當重要的，因為我們不能確定投資收益將會是多少，也很難憑想像控制投資收益，但存多少錢是可以控制的。**存錢可以獲得一大優勢：一旦市場受挫，我們會有更高的緩衝能力。**

假如你在這次金融海嘯前購買股票，毫無疑問，你的帳面上一定損失巨大，要是你借錢購買股票，特別是藉保證金帳戶做投機買賣，就更慘了。但如果你是用不影響生活的「閒錢」來投資的話，大不了「炒股炒成股東」，當情況穩定後，長遠來看，優質股的價格還是會回來的。因此，千萬不要借錢去投資。

如果能在投資者詞彙裡禁用某個詞的話，我認為是「複雜」。很多投資者為了提高回報率，不惜使用「神祕、複雜」的投資戰略，購買那些他們根本看不懂的投資產品。事實上，越複雜的投資戰略，就越容易出錯，且更難監控和管理。

一個簡單的股票、債券和共同基金的組合，可能不是最華麗的戰略。但如果運用普通常識將它們組合在一起，就可以成為長期、有效的投資工具。

上升期別盲目樂觀

　　房地產泡沫最顯著的特點，是人們感覺價格將不斷上漲、上漲，永遠上漲。在房市最狂熱的那幾年，我常收到房地產經紀人的電子郵件，推銷曼哈頓的公寓，說曼哈頓公寓的價格將不斷上升，你任何時候進場都能賺到錢。

　　剛開始，我還會回覆他們的郵件：據我所知，曼哈頓在 1980 年代末期，也有房價下跌的紀錄。但他們都異口同聲回應：這次不會！這次不一樣！

　　當經濟和市場都朝著良好的方向發展時，很容易讓興奮的雲彩遮蓋正確的判斷。畢竟，基金兩位數百分比的收益、報紙上財經版樂觀的新聞、有線電視戲謔快活的金融節目，都不斷說服著你、使你相信美好的時光將持續。

　　你會重組股票投資的百分比，把更多的錢投資到熱門的股票中，像下賭注似的投入新興市場。而就在那個時候，你也開始承受了更大的風險。不過，當時你肯定不覺得這有什麼風險。當市場欣欣向榮時，怎麼可能產生投資風險呢？

衰退期別沮喪

　　然而，當市場和經濟開始崩潰時，這一過程開始逆轉，你到處看到兩位數百分比的損失，沮喪和悲觀充斥著媒體。

你覺得，形勢將每況愈下，很難再恢復了。於是，你拋售了股票、逃離市場，進入避風港——那些在繁榮時代被你嘲笑過的投資產品，像是債券基金、貨幣市場基金，甚至是定期存款。毫無疑問，你認為這是減少風險必需的。然而，**事情的發展往往是：你在最壞的時候出售了股票，而錯過了股票反彈、市場復甦的時刻。**

其實，這些感覺和反應都很自然，畢竟我們是凡人。我們一次又一次經歷了牛市和熊市。在熊市，恐慌已壓倒貪婪，已經到了超出理性的地步。但有朝一日市場回穩，會創造出大反彈的機會。即使經歷二十世紀最可怕的經濟大蕭條後，沒過多少年，股市最終都反彈回來。

第 5 章

貪婪，人的本性

1 | 經濟學的真理：天下沒有白吃的午餐

「天下沒有白吃的午餐！（There ain't no such thing as a free lunch!）」這是經濟學上的一句諺語。這些年來，許多人都忘記這句話的精髓——**得到的背後，是巨大的付出。**

40 年前，典型的美國家庭只需一人外出工作，一人在家帶孩子、照料家務，外加養一隻狗，生活就舒適完美。而近 40 年，這一家庭生活模式被打破，越來越多家庭是夫婦共同賺錢養家。如此一來，家庭收入是否有所增加？生活是否更富裕、更美滿？答案很清楚：沒有。相反的，一棟前庭後院的獨立洋房，已使許多美國家庭淪為債務的奴隸，生活如何幸福美滿？

失業，使人到中年的中產階層，走向破產之路。因此，「兩人收入」的美國中產家庭，被逼到了刀刃上。而保持中產家庭的地位、並確保子女有更好生活的唯一辦法，就是提高就業率。缺乏就業和收入來源，中產階層就只有兩條途徑維持其生活水準：出售資產，或是借貸。

不過，中產階級絕不肯輕易出售其資產。因為他們的資產是房

子，總不能把高價位買入的房子，在低價位時賣出去吧！但是，中產家庭更不願意再借貸，因為他們已負債累累。悲哀的是，作為美國中堅力量的中產階層正在萎縮。他們疲於奔命，為那些無法償還的債務奔波。

用後來者的錢，補前面的洞

儘管美國政府和媒體最初試圖欺騙人們，之前所發生的僅僅是一場「次貸危機」。現實卻清楚告訴我們，美國所有形式的抵押貸款違約率，包括所謂的「優級房屋貸款」（按：Prime Mortgages，指還款人有良好工作收入、資產抵押、信用紀錄的貸款），都將創下歷史新高，房貸違約只會變得更糟糕。這進一步說明華爾街提倡的消費模式「**用明天的錢圓今天的夢**」，是欺騙、掠奪民眾財富的大陷阱。

華爾街不惜一切代價推動的，是一種金融體系，但更是一種壟斷的權力體系。當人們對金錢作為仲介的依賴越來越嚴重時，那些握有權柄的人，就會越來越樂於創造金錢，並濫用這種權力決定誰能得到金錢。而依靠這一體系創造的並不是社會財富，而是海市蜃樓，房地產泡沫就是最好的例證。

那些參與「締造財富」的金融機構權貴們，用金融資產搭建了一座債務金字塔，用光怪陸離的衍生性金融商品，在槓桿作用下，將「財富」像魔術般變了出來，接著以虛擬的超額利潤收取超高額

的管理費，製造出一個個完美的龐氏騙局（Ponzi scheme）——**不斷用後期投資者的錢，填補前面的洞。**

　　當借款人開始拖欠債務或無法償付貸款時，泡沫破滅、財富消失，債務金字塔瞬間崩潰。而站立在金字塔頂端「締造財富」的魔術大師，早就把錢裝進口袋開溜，留下一片殘垣廢墟（無法償付的債務黑洞）。

　　華爾街提倡以錢生錢、提前消費、消費性信貸的經濟模式，是以不勞而獲為誘餌，使廣大民眾放棄儲蓄、追求高利潤——不惜舉巨債投入房市和股市，最終掉進陷阱不能自拔，成為金融霸權的房奴、車奴和卡奴，甚至傾家蕩產、流落街頭。華爾街何以立於不敗之地，不斷掠奪世界各國的財富？因為人性的貪婪和盲從，是培植它生根、發芽、開花和結果的土壤！只有看清這一點，才可擺脫被奴役的命運。

2 ｜ 房市泡沫如何被吹起？

「美國夢」曾經是全世界的楷模。所謂的美國夢，就是家家有住房，人人有車開。電視廣告中的美國家庭，無一例外的前庭綠草如茵、繁花似錦，後院有游泳池、遮陽傘、大躺椅，寵物追著孩子在院子裡自由奔跑。多麼誘人的畫面！華爾街從不吝惜利用媒體給人們描繪美國夢，書籍《為什麼房地產繁榮將永不蕭條》（*Why the Real Estate Boom Will Not Bust*），蠱惑著千千萬萬的美國人舉債，追逐電視上的美國夢。

華爾街從不打無準備之仗。「贏在開戰前」的《孫子兵法》，華爾街金融巨鱷個個學到了家。他們敢於玩高風險的遊戲，事前必定做足了市場調查。華爾街鼓勵提前消費、消費性信貸，最有利可圖、最大的商品是什麼？就是房子。

儘管美國金融體系極其複雜，它的基本功能卻很簡單：將儲戶的存款借貸給其他人，銀行向借款人收取貸款利息，除了支付給儲戶相應的利息之外，留下部分作為提供服務的手續費。因此，銀行擁有貸款，直到借款人按時歸還為止；除非借款人違約，導致其無

法歸還所欠的貸款，這時銀行就會損失。

又因為美國政府為銀行存款作了擔保，監管機構便要求銀行留下一定比例的現金——準備金資本——以防借款人違約。而監管機構還會監視銀行以確保其謹慎貸款，一旦銀行因壞帳太多而倒閉，政府就必須代替銀行還錢給儲戶。

雖然**媒體和輿論的宣傳，煽起人們購房的欲望，卻還缺乏購房的條件，即必須具備另外三個基本點——低利率、寬鬆貸款條件和良好的就業前景——房市泡沫才可能被吹大**。此三點缺一不可，否則泡沫立刻被刺破，掠奪財富也就無從談起。

事實上，美國房屋貸款的金字塔泡沫，是從 1995 年 7 月 2 日開始醞釀。這天，全美房屋市場 30 年的固定利率調至 8% 以下，浮動利率在 6% 以下。假設房屋頭期款 20%，並按固定利率支付房貸，這年，美國中位數的房價計算下來，每個月只需支付 675 美元。

而此時，美國的就業市場前景一片光明，比美國歷史上任何時候都來得好。家庭年收入加倍增長，失業率從 1980 年代的 7.5% 下降至 1995 年的 5.5%，到了 1990 年代末期，失業率更是降到了第二次世界大戰後 4% 以來的最低點。

當時適逢比爾‧柯林頓（Bill Clinton）執政，或許柯林頓本身為一介平民，特別體諒基層百姓，又或許民主黨的綱領就是顧及弱勢群體，出於對選票的考量，柯林頓政府因此積極推動監管機構，促使貸款機構把過去不夠資格申請房貸的低收入族群，如非洲裔和西班牙裔等，優先列入貸款範圍。

那個時期，全球被美國的經濟和工作機會所吸引，來自南亞、拉丁美洲和東歐等全世界合法、非法的移民，以每年 50 萬的人數加入美國大熔爐。新來的家庭需要房子安家，因此，**每 4 棟新屋就有 1 棟是為新移民而建造**。面對如此強勁的需求，新屋的開工量大大增加。

此時，華爾街意識到房屋市場熱起來了。

2003 年 7 月 4 日，美國國慶日。這一天，房貸固定利率接近 5％，浮動率下降至 4％；就業市場經過 911 事件後，又重新好轉；而此時，美國入侵伊拉克的戰爭似乎勝券在握。聯準會降低聯邦基金利率（Federal Funds Rate）到 1％，這是由聯準會直接控制的利率，這麼低的利率是第二次世界大戰以來從未見過的。不久，各國央行全都緊跟其後開始降息。

如此大好的市場前景，房屋價格連續 8 年升溫，絲毫都不影響放款銀行和房貸機構看好房市，美國民眾的購房力依然非常強勁。**所有人都存著這樣的假設：既然房價在過去幾年一直上漲，將來也依舊會上漲。他們堅信：房地產永遠不會往下跌。**

但眾所周知，股票的基本價值是從企業未來的盈利中獲得，而房屋的基本價值是源於未來住房或租金的收入。**當一種資產的價格脫離基本價值，泡沫就形成了。**

如果說前 8 年的房市熱，是因供需關係而生成，諸如穩定的家庭收入、豐厚的儲蓄和購買能力，那麼**當房市泡沫被吹起來時，購房就不是為了居住，而是視買房為盈利豐厚的投資工具**，因為房價

在上漲，且還會不斷上漲。這是投機心態。在美國聯準會不斷降低利率、房價日日上漲、買賣房屋盈利巨大的背景下，投機客進場了，泡沫漸漸的越吹越大。

電視廣告的大力宣傳，好萊塢電影、小說對房子的著力渲染，使絕大多數美國人——無論富人、中產階級還是低收入人群——都以房子的大小和品質，衡量家庭財務狀況的好壞。**一幢獨立的大洋房，無疑是一個家庭的最大資產，跟隨其後的房屋貸款，也就理所當然成為許多美國家庭的最大債務。**

房利美和房地美這兩個政府經紀機構，致力於確保每一個家庭都能擁有自住房，因為自二十世紀大蕭條起，美國的經濟政策便以此目標來制定。例如支付房貸的利息和土地稅，都可以自個人所得稅中扣除，這導致美國財政收入每年減少 1,500 萬美元。

此外，美國人一生中還享有一次大好機會：賣房利潤不超過 25 萬美元（結婚夫婦為 50 萬）可以免稅，若不利用這個機會絕對是大傻瓜。政府鼓勵買房的政策，促使第二次世界大戰前，一直到 2005 年，美國人的房屋擁有率上升了 25％。

購買房屋還有一大好處：當房子增值時，如果手頭缺錢，資產抵押淨值（房屋市值減去房貸價值），可以為房主帶來豐厚的現金回報。人們可以用資產抵押淨值購買第二間房（照樣可以享受抵稅的優惠）、汽車、遊艇、奢侈品等。根據統計，最高峰時，房屋所有人的平均資產抵押淨值可達 11 萬美元。買房可謂一本萬利，房奴就這樣煉成了。

用明天的錢，圓今天的夢

許多人都覺得，擁有自己的房產才是成功的象徵。在中國也出現大批房奴。

1990 年代初期，當商品房（按：由房地產開發商統一設計、批量建造後，作為商品出售的房屋。在中國，與商品房相對的是經濟適用房，由政府限定建築標準和價格，只能由特定低收入人群購買，類似國宅或社會住宅。因此，普遍認為商品房是經濟較富裕的社會階級居住）剛剛興起時，杭州一間 70 平方公尺（約 21 坪）的公寓大約只需人民幣 12 萬元，竟然還滯銷。不難想像，中國人長期以來秉承傳統觀念，賺十分起碼存七分，視寅吃卯糧為敗家子。即便當時房價不算貴，可是借錢置產畢竟不夠光彩。

於是，在中國便出現了一個誘人的故事：

某一天，美國老太太和中國老太太在天堂相遇，她們互相詢問人間的生活。美國老太太誇耀自己以借貸的方式，住大房子、開大汽車，在人間瀟灑走了一回；中國老太太聽了之後，萬分悔恨自己一輩子節衣縮食，臨死前才剛存夠買房的錢，還沒享受一天就進了天堂。

美國老太太的消費方式，令中國人民羨慕不已。幾千年來，他們節儉過日子，日常生活就圍繞一個字——省，從不花費不屬於自己的錢。而現在，美國老太太的「榜樣」擺在眼前，一樣過人生，卻是不一樣的生活，如果可以選擇，為什麼不呢？

人們無法抑制的嚮往美國老太太的生活。於是，「**用明天的錢圓今天的夢**」這一誘人的口號，在恰當的時候，堂而皇之且響亮的呼喊起來，完全顛覆中國人「量入為出」的古老傳統，情況便一發不可收拾。

再回頭看杭州的房價，一間 70 平方公尺公寓，按當時民眾的收入水準，相當於普通家庭平均 3 年的收入。也就是說，一般家庭省吃儉用 5、6 年的話，不必借錢就能買。但美國老太太的消費方式一出現，人們連 5、6 年都不願等，從謹慎觀望，到盲目跟從、一哄而上，彷彿不顧一切豁出去似的。不曉得這些人有沒有想過，金融機構又不是慈善家，「用明天的錢」是要付利息的，借得越多、還得越多，說不定還要後代子孫來償還。

而與此同時，華爾街以高盛為首的投行，包括摩根史坦利、雷曼兄弟和美林證券，以及花旗、麥格理（Macquarie）和凱雷（Carlyle）等金融機構，都爭先恐後進駐中國房地產，他們不是在低價位買進地皮，就是投機住宅和商辦大樓。

金融巨鱷進駐中國，中國房市還會寂寞嗎？不興風作浪一番才奇怪。隨著華爾街等外國金融機構進駐中國房市，炒房的浪潮一波高過一波。於是，美國房市的泡沫，也在中國出現了。

3 ｜ 金融家的唯一目的：獲利

　　華爾街利用人性的貪婪和盲從，獨創提前消費的模式。年景好的時候，銀行以降低利息為誘餌，誘使人們貸款購房，享受美國老太太式的生活，但無疑也給購房者埋下一顆定時炸彈。

　　等房市熱了，泡沫被吹大時，進場的人越來越多，形成金字塔，銀行立刻調高利率。這時，房屋就是「人質」，5年、10年銀行利率一調高，便逼迫你降低生活標準，償還加息增加的欠款，房市泡沫被刺破。

　　一旦運氣不好丟了工作、還不出錢，銀行就可以光明正大奪走你的財產，因為錯在你，誰叫你欠錢不還，他們奪得名正言順。按華爾街「勝者為王，敗者為寇」的模式，金字塔頂端的總是王，最底層的大眾只能為寇。

　　「**金錢沒有祖國，金融家不知何為愛國，他們唯一的目的就是獲利。**」用拿破崙‧波拿巴（Napoléon Bonaparte）這句名言形容華爾街，再貼切不過了。他們國內外大小通吃，就像食人魚，從來不嘴軟。

如何判斷房市是否有泡沫？

2003 年的美國，相對於 10 年期債券的回報低於 3.5％，創了歷史新低；投資長期債券也不理想；企業債券和房屋抵押債券雖有較高的回報率，但個人直接擁有不易，所以近半數的美國人從不買任何股票；而房價每年只漲不跌，他們堅信擁有房子比擁有股票更有利可圖。

在那段瘋狂的時間，每個人都能從貸款機構拿到房貸，即使信貸紀錄略有瑕疵也無礙，因此房市投機行為猖獗。例如在加州和佛羅里達、東海岸和西面的山區，一間 20 萬美元的公寓，頭期款 1 萬美元，或甚至零頭期款，3 個月後售出 22.5 萬美元，扣去 5,000 美元的各種費用支出，3 個月、一個轉手就有 2 萬美元落袋。這可是 400％ 的利潤！

逐利是資本的本性，面對如此高的利潤，投機客豈有不進場的道理？

各大銀行和房貸機構也爭相搶奪這一市場，他們把購房貸款申請人分為兩個等級：信用度高、有固定收入的群體，銀行提供低息貸款，並鎖定利率，享受優級貸款；而信用度低、償還能力差的人，此時也能從銀行貸到款，但利率就高出低息貸款 2～3 個百分點，且不能鎖定，必須隨著市場利率的上揚而上升，屬於次級貸款。看起來，這似乎是一筆兩全其美、皆大歡喜的買賣。

超低利率、無需擔保、無需頭期款，房價一路高升，這樣的形

勢下不買房子說不過去。不但窮人買了第一間房，連有房子住的富人也開始投機第二、第三間房子。進入房市的人越來越多，金字塔底盤也越做越大。

在商品社會裡，房地產是最大、最有利可圖的商品。既然房子是商品，就一定符合商品的價值規律。我們該怎樣評估一個地區的房價是否合理、是否存在泡沫，從而盡量控制房價，避免由於房價下跌而引發經濟衰退呢？**任何資產的價值，無論是股票或房子，都是根據眾多購買者對未來回報的預測而定**，誰又能說哪些購買者的預測是錯誤的呢？然而，2005 年卻有錯誤的跡象：巨大的房屋銷售量，和從買賣房屋中輕鬆賺取的錢！

那時的人，只顧著眼下的利潤，拚了命追趕擁有房子的快車，絕對不想被車上的人擠出門外。那些傳統預測泡沫的理論，早就被拋到了九霄雲外。

的確，在房市景氣的時間裡，我們聽說無數個房屋翻倍暴漲的幸運故事。但是，房價不會永遠上漲，**單從理財的角度看，很多時候買房並不優於租屋**。擁有房產的成本，與出售房子的價格緊密相連。如果在很長的時間內，房價上漲的速度超過租金，租賃對許多人來說就是便宜的選擇，這樣一對比，房價顯然就被高估了，租金才真正體現供需關係。

為什麼這麼說？因為在當今消費性信貸模式中，無論是仲介公司管理房屋，還是由房東自己出租房屋，房客都不能以信貸方式支付房租。假如房租開得過高，房客衡量自身的經濟狀況（房東也會

調查潛在租客的經濟背景）後，就不可能向房東承租房子。所以，房價與租金之比，是傳統測試房價是否有泡沫的方法，10～15 之間屬於合理範圍。

其次則是**房價和收入之比，也就是當地的平均房價和當地居民的平均家庭年收入之比**，一般來說 3～5 之間為合理範圍，超過 6 就屬於離譜了。

以下就以中國的房地產為例，看看中國房價是否有泡沫。

1997 年，我第一次回中國探親，感受到的最大變化就是商品房變多了，一般百姓可以擁有自己的住房。那時，上海有幾棟香港開發商建造的公寓大樓，一間大約是人民幣 100 萬元，每年租金人民幣 10 萬左右，10 年租金便可以買一間公寓。這樣的價格無論是買還是租，對於當時國內的普通百姓來說，都是「天文數字」。

沒想到，後來中國的房價像火箭般飛漲，當年上海的豪華公寓，相同的地段到了 2019 年，房價漲到人民幣 800 萬元，甚至上千萬也有。而一間人民幣上千萬元的頂級公寓，三房兩廳兩衛浴，且家具、電器齊全，如果按 10 年前的行情，租金也該同步增長，一年上百萬也是合理的。但令我吃驚的是，這間房的月租金居然只有人民幣 9,800 元，長期租住還可以打折！

房市是否有泡沫，我不說你們也該算出來了。想想看，千萬級的豪宅，租金一年 12 萬不到，即使存銀行吃利息，每年至少 20 萬，都足夠支付租金了。

大家心裡都明白，房市泡沫吹得越大，低價位進場的投機客，

拋售後所得的利潤也越大。可是，誰保證自己一定能在最高點拋售
呢？請放心，低進高出的，絕不可能是廣大盲從的普通百姓。普通
百姓往往是看著人家撈錢，等到自己一腳踏進去，沒有輸個體無完
膚已算是客氣。

中國的房市泡沫

中國各大城市在 2009 年房價開始飆升。為什麼？「多虧」美
國的金融海嘯。因為金融海嘯，美國國內的需求減少，而美國是中
國商品的最大進口國，當中國拿不到訂單，出於無奈，中國政府只
得大量放貸房地產，把原本打算調整房價的政策收回去，期望依靠
房地產彌補出口的損失。也正因為金融海嘯，大量熱錢撤出美國和
其他受災國家後，全都湧進前景看好的中國。

於是，中國人想買一間房，需要祖孫三代的積蓄。有一則新
聞說，南京有個年輕人，為了買房，非但要父母拿出所有存款，還
逼著爺爺奶奶外公外婆掏空所有的退休金，說是沒有自住房就不結
婚，不結婚就要斷子絕孫，真是可嘆、可悲！而現在，這樣的情況
更是越來越普遍。

百姓購房難的故事，更充分說明了一點：輿論──特別是歐美
著名「專家」、「學者」的意見，無論在美國還是中國──在相當
程度上對房價的飆升，都起了推波助瀾的作用。但房價飆升最關鍵
的因素，可以說是華爾街移山大法的「神奇」力量。

美國曾發表一項震撼人心的資料，**大約有四分之一的美國房主「Under Water」，即他們欠銀行的房貸比房屋淨值要高**。也就是說，**房產降價了，賣掉房產的錢不夠還銀行的房貸**。

華爾街大投行、金融巨鱷和國際投機者，利用資產泡沫這一暗器，像當初吹大南美洲、日本和美國房市泡沫那樣，也興風作浪、吹大了中國的房地產泡沫。因此，美國的今天，很可能就是中國的明天（按：2021 年底，中國房市泡沫破裂，整體房價持續下跌）。

由於中國經濟繁榮昌盛，這頭「肥羊」太誘人，華爾街的「倖存者」摩根史坦利在美國本土損失慘重，但它在中國的業務卻果實纍纍。

其實早在 1990 年代初期，摩根史坦利就針對亞洲市場，建立兩支房地產信託投資基金──MSREF III International 和 MSREF IV International，其中 50％ 的基金全都進軍中國，特別是上海和廣州等大都市，由海外的「中國買辦」充當鋪路石，在以 GDP 增長作為主要考核政績的狀況下，以當地地產公司為平臺，取得聯合開發專案的權力，隨後再將中方公司的股權買過來，控股之後操縱房產的定價運作。摩根史坦利已完成在中國擁有「融資－開發－招商－營運」這一產業鏈龍頭的角色。

由於中國人對房子情有獨鍾，無房的家庭想買房，而已經擁有房子的人還想擁有更多，中國房產的炒作空間極大，房價上漲的趨勢幾乎勢不可擋。

面對如此瘋狂的房屋市場，摩根史坦利曾在全球募集了 42 億美

元的 MSREF V 房產基金（請記住，他們是募集，並不是用自己口袋裡的錢，賺了他們拿錢，虧了也是虧別人的錢，他照樣賺——因為他們的「獎金」早已作為公司營運成本先扣下來），將多達 50％ 的資金又投入中國房市。在他們的哄抬下，大量資金爭先恐後湧入房市，造成各地「地王」頻現，同時，摩根史坦利在中國的各個業務板塊越做越大。

中國房產泡沫就是被華爾街炒作出來的，他們利用一切可以利用的工具，時而唱衰、時而捧殺中國房市，其目的就是一個——獲利。唱衰就是「進」的信號，捧殺已經是撈足一票之後要「撤」了。泡沫越大，他們搜刮到的資產就越豐厚。

目前，無論用哪一種普遍公認測試房產泡沫的方法，例如房價與租金比、房價與收入比，都明明白白顯示中國房市有泡沫，而且巨大。**在美國，即使在次貸危機爆發前、房價處於最高位時，租售比也只是剛超過 200 倍而已，比起上海、北京房價最高時的 500～800 倍，以及高檔公寓和別墅的上千倍來說，簡直不值一提。**

泡沫如此巨大，華爾街等金融機構卻利用輿論，聲稱中國房市沒有泡沫，竭力唱多中國房地產，目的很清楚：他們撈足一票後要出逃了，不製造無泡沫的輿論，誰來接手？他們又怎麼逃呢？這是華爾街慣用的伎倆。

以華爾街另一「倖存者」高盛來說，高盛是最早挺進中國的華爾街投資銀行之一，同樣在中國房市賺得缽滿盆溢，後來順利出逃。2007 年 4 月，高盛以 1.9 億美元（約合當時人民幣 16 億元）收

購位於虹橋的「上海花園廣場」，總建築面積為 9.78 萬平方公尺，包括用於租賃的 53 棟別墅，以及 9 幢酒店式公寓。

2010 年新年剛過，高盛以平均交易價一平方公尺人民幣 2.5 萬元，將上海花園廣場易手給中資企業，成交價格高達人民幣 24.45 億元（約 3.2 億美元）。

高盛接手上海花園廣場 3 年不到，即使忽略其 3 年的租金收益不計（將人民幣升值的因素考慮在內，再兌換成美元來計算），高盛的帳面收益都達到 100％了。

而在此之前，位於上海黃金地段的福州路「高騰大廈」，是高盛於 2005 年從新加坡凱德置地手中購得的。當時的收購價為 1.076 億美元，創下收購金額的最高紀錄。高盛持有高騰大廈 2 年後，以 1.5 億美元易手，獲取接近 40％ 的「升值」回報。

房市越是炒作，回報越高。2005 年，高盛的投機升值接近 40％，但兩年後的 2007 年，竟炒高至 100％ 的回報率。之後摩根大通（JPMorgan Chase & Co.）、花旗、麥格理和凱雷等公司，相繼拋售中國的住宅及商辦大樓，他們集體出逃，帳面獲利至少一倍或更多，接手的又幾乎全是中資企業。

這些華爾街「食人魚」，在金字塔的頂端搭好底盤，劫掠過後立刻撤走，等著泡沫被刺破。倒楣的就是接手的中資企業，以及最後接棒的「傻瓜」──中國普通百姓。而避免被盤剝的唯一方法，就是遠離他們。

想跟他們玩又不賠，除非你能玩得比他們更厲害，讓他們的資

金全都爛在中國——畢竟，他們不可能把高樓從中國搬走。

　　想當初，日資雄心勃勃橫掃美國，搶購曼哈頓的地標洛克菲勒中心（Rockefeller Center），到頭來美國房市泡沫被金融霸權一刺破，日資來不及逃跑，全爛在美國。有史為鑑，泡沫終究會破，房地產泡沫也是如此。

4 | 消費性信貸存在，金融危機就會再現

　　無論房市走高走低，都有其週期。每當市場進入疲軟期，貸款買房的成本就可能超過租房；必須以連續 10 年、每年增值 5% 的實力，買房才能比租房省下更多的錢。

　　說穿了，房子實質上是一種奢侈昂貴的消費品，有能力再買，不然就租房來住，何必非得踏入炒房的浪潮中？像前一節提到的那位南京年輕人，強硬逼迫、要脅老一輩陪他一起做房奴，這樣的家庭有什麼幸福可言？

　　如果說買房是為了投資，從長期來看，**房價僅僅和通貨膨脹呈正相關，而不會隨著經濟增長和股票收益一齊上漲**。美國經濟大蕭條時，1925～1933 年房價下降了 26%。1925 年是房價上升的第一高峰期，距離 1930 年衰退還有 5 年，直至 1930～1933 年經濟大崩潰，房價才加速向下。

　　那時，還只是惡劣的經濟和通貨緊縮的價格趨勢，不像 2000 年代前半，通貨緊縮加上房地產大泡沫，房價極端被高估。1997 年價值 20 萬美元的房子，到 2006 年竟高達 45 萬美元，平均房價上漲

了 125％，即使去掉通貨膨脹的因素，也幾乎是翻了一倍。

還有一個概念必須釐清。**一般都說投資房地產能夠抵禦通貨膨脹，其實那是指投資土地，而不是房子。**正常情況下，只有土地才會隨著通膨率升值。

若以中國為例，在中國，個人是不能擁有土地的。即使買了房子，最多也只擁有 70 年的住房使用權而已。所謂「我」的房子漲了 100％，事實上增值的並不是房子本身，而是房子底下的土地。

但是，當國家急需徵用你房子底下的土地時，不會按土地的市值價格來結算，國家賠償的房屋拆遷費，能不按房子的折舊計算，就已經夠寬容了（按：臺灣現行的土地徵收做法，是以公告現值為依據，加上四成補償費用，仍與真正的市值有一段差距）。一旦失去土地的擁有權，房子本身就是一堆水泥、鋼筋之類的建築材料，就像購買汽車，鑰匙一到手便立刻折舊。

舉一個具體的例子。上海一間市值人民幣 300 萬元的公寓，租金約一年人民幣 5 萬元。如果買下來住 50 年，每年平均付 6 萬元，已經超過了租金（假設房租的漲價和買下須交付的管理費持平，均忽略不計）；其次，假設你有 600 萬元，即使做最保守的投資──存入銀行，定期的利息收入支付房租也足夠；第三，如果還需要向銀行貸款才能買房，需要多支付 20～30 年的房貸利息，表示你可能要再多付 300 萬，等於這輩子你都在為銀行打工。

而對中國人來說，真正重要的是第四點：既然個人不能擁有土地，且購房最多只有 70 年的住房使用權，買房和租房的區別只在租

用期間長短而已，誰都不是房子真正的主人。

房價往往「吞噬」了一般民眾一輩子、甚至幾輩子的財富。就像上面的例子，等到你把人民幣 300 萬元的房貸全數繳清，實際的花費至少是人民幣 600 萬元。此外，一般房屋設計壽命都定在 30～50 年，也就是說，50 年後房子將成為一堆廢墟（按：在臺灣，屋齡 55 年內都在適合居住的範圍。依據行政院主計總處公布「財產標準分類」公家財產折舊年限規定，公家機關的辦公房舍如為鋼骨、鋼筋混凝土構造，使用年限為 60 年，住宅用則為 55 年，加強磚辦公房舍為 35 年，磚石牆載重者為 30 年）。

因此，不曾擁有土地、花人民幣 600 萬購買的房子，實際上就是比鑽石更奢侈、比汽車更不保值的消費品而已。為何一定要這麼痛苦的擁有自住房，租房住又有何不妥？

住房擁有率越高，發展速度往往下降

曼哈頓是紐約市金融、商業的中心地，是當今世界最繁華的島之一。在曼哈頓，有 90％ 的居民都是租房，即使是年薪百萬美元的華爾街銀行家也不例外。因為曼哈頓的房價高得人們只能「望房興嘆」，一間公寓售價百萬美元是正常價格，而曼哈頓還有高達 3％ 的房地產稅，這意味著一間公寓每年的地產稅就達到 3 萬美元。

除此之外，還有管理費用與其他雜費，統統價格不菲。而蔣介石夫人宋美齡晚年居住，價值七、八千萬美元的空中別墅（Penthouse，建在高樓頂層、具別墅形態的住宅），每年的房地產稅更是高達 200 萬美元，即使不計房屋的價格，光是每年的房地產稅許多人就付不起。這也是某些富商巨賈選擇捐出自己的房產，而不是賣掉、送人的原因，房地產稅年年上漲，連富商的年均收入都無法維持房子的開銷，還有誰能供養得起這些房產？

上個世紀初，紐約市區人口大約 800 萬，2016 年時約是 850 萬（按：2020 年美國人口普查資料又上升至 880 萬人），每年不斷有新移民進入，同時也有人離開，曼哈頓的活力就在於人口的不斷流動。**哈佛大學的一項研究結果指出，要維持一個地區的活力，租房和買房的比例 1:1 時最佳。**年輕人——特別是單身人士和無孩子的夫婦——適合租房，只有孩子多的家庭才適合買房。**住房擁有率太高的地區，其發展速度往往會下降。**

從宏觀上分析，中國的高房價直接影響了中國的經濟發展，這是代表金融霸權的華爾街喜聞樂見的結果。因為中國高速發展的 40 年，恰恰是美國依賴中國低廉勞動力、充分享受的 40 年。當強大的中國要與金融霸權爭能源、爭利潤時，各種圍攻、阻攔便開始了。

這些年來，中國的經濟支柱主要分為三大塊：房地產、消費和出口。

首先談房地產。中國一線城市的地價拍出天價，華爾街投資銀行、中國企業，尤其是國有企業，手中聚集的資金也流入了房市，使中國流動性風險升高。如果政府不控制土地價格，等到哪天土地價格占整個國家財富的 50%～60%，乃至 70% 以上時，無論是國

家的市政建設還是住宅建設，或企業擴大再生產，成本都太高。那時，誰還願意發展生產？乾脆用投機土地賺來的大把錢，靠進口度日。而依賴進口的結果，就可能像幾百年前的西班牙，使國家整體經濟衰退、惡化。

根據金融數據資料庫財新 CEIC 的資料顯示，截至 2018 年 6 月，中國全國商品房空置面積達 2.74 億平方公尺（按：約 8,300 萬坪）。空屋這麼多、資金占用那麼多，可是推土機還在繼續往地下挖。因為利潤高，誰都不想放棄這一市場。

像北京、上海和杭州這些大城市，一間房子動不動就是人民幣四、五百萬元，相比普通百姓的收入，房價可謂高得離譜。那些已經支付高房價的白領、金領（按：由「白領」衍生出來的名詞，指最能賺錢的一批人，也指財富的擁有者，如大企業經理、執行長、經紀人、老闆等），白天開著豪華轎車上班，晚上再開著車擺地攤，掙微薄的錢養房子，犧牲寶貴的體力、精力及生活幸福感。這進一步說明，購房欲望是要靠收入來支撐。

就算中國的房價下降 60%～70%，與當地人民也毫不相干，他們照樣買不起房。再加上教育和醫療費用這兩大支出，買房就更是奢望。這預示著如果空屋賣不出去，中國房產投資勢必大幅減少。但由於金融海嘯，銀行降低利率、放鬆信貸，一旦百姓無力歸還房貸時，金融機構的壞資產就將堆積如山。這裡牽涉到一個專用術語——**道德危機**（Moral hazard），**它是造成無止境金融危機的根源之一。**

　　「道德危機」一詞原先是保險業用語。屋主購買房子後，同時也向保險公司購買火災險，假如哪天房子發生火災，可以向保險公司索取房屋的全額賠償。值得注意的是，如果發生火災時條件發生變化，保險的房子已經低於市場價格，也就是說房價下跌了，但保險公司仍要支付比房價高的保險賠償，就產生了道德危機。這一術語後來被廣泛使用在各個領域，目前銀行放貸也產生了道德危機。

　　英國劇作家威廉‧莎士比亞（William Shakespeare）的劇作《威尼斯商人》（*The Merchant of Venice*）也描述了道德危機的情境。十五世紀的威尼斯，有位正直的商人安東尼奧（Antonio），與放高利貸猶太商人夏洛克（Shylock）是仇家。某日，安東尼奧為了幫助好友成婚，而向夏洛克借錢。

　　由於安東尼奧借錢給人往往不收取利息，擋了夏洛克的財路，而為了報復他，夏洛克也佯裝不收利息，但若逾期不還，就要割下安東尼奧身上一磅肉，目的是置安東尼奧於死地。不巧，安東尼奧的商船失事，資金周轉不靈，無力償還貸款，被夏洛克告上法庭。當然，在莎士比亞的筆下，夏洛克的陰謀失敗了，最後搬石頭砸自己的腳，失去了自己全部的財產。

　　儘管莎士比亞憎恨高利貸商人，但放貸要有抵押物，卻是歷來如此，並受法律保護。放債人通常會設置用款的限制，借款人有時也不得不將自己大量金錢用於同一種用途，為的是給放債人一個好理由──避免虧損。但有時，放債人似乎忘記這些借貸原則，借出大量的資金（例如次貸）。這些放債規則遭受破壞的重要原因，就

是道德危機的遊戲在作怪：現在，**擔負放貸虧損的不是銀行，而是納稅人**。

　　由於全球學美國提倡消費性貸款模式，銀行放鬆信貸，特別是對個人購房的寬鬆信貸，嚴重扭曲房屋的供求關係，使房價泡沫不斷增大，等大到一定的高度時，泡沫破滅，殃及實體經濟，政府必然要出手相救；為了刺激經濟重新反彈，銀行不得不降低利率，目前美國的低利率救市政策，促使投機者從銀行借入美元，投到回報率更高和更快的國家或地區，例如中國、香港、巴西和印度等新興市場，使得那些國家的股市、房市等資產泡沫膨脹，泡沫破滅後再次陷入危機，世界經濟便進入無窮迴圈（infinite loop）之中。

　　可以這麼說：**只要消費性信貸繼續存在，房價跌勢就不會觸底，而會是一次緊跟一次的金融危機，受害者永遠是金字塔底部的一般民眾**。

提早擁有了房子，卻花更多冤枉錢

　　更可怕的是，中國富有了，手上握有大把的錢——俗話常說「有錢就是大爺」，一點也沒錯，有了錢還有什麼東西買不到？掌握主動權的就應該是手上既有錢、又有需求的購買方。但是，在國際大宗物資市場的舞臺上，發展房地產所需要的鋼鐵定價權卻牢牢操控在華爾街手上。而最嚴峻的考驗，是過度發展房地產將侵占大量可耕地，這正好又撞在金融霸權的槍口上。

中國自改革開放以來，經濟保持著高速的增長。但高速增長的數字背後，代價是占用大量耕地。根據統計數字顯示，截至 2017 年底，中國全國耕地面積為 13,486.32 萬公頃。中國僅擁有全世界 7% 的耕地，卻要養活全球 22% 的人口，人均耕地僅 0.106 公頃，占世界人均總數的 43%。

糧食安全是經濟社會可持續發展的重要基石。什麼叫「江山社稷」？「社」可以理解為土，「稷」可以理解為穀，也就是說，有土地能種穀，才能形成族群，進而形成統一的國家。中國歷史上的大動盪、大災難，根源不外乎兩種：一是土地集中於豪門，使種穀者享用不到穀子；再者是戰亂或災荒，所有人都得不到穀。而「太平盛世」就是能讓種穀者休養生息、安居樂業。只有正確處理「社」與「稷」的關係，才能做到保民、保境、保安寧、保民族繁衍和保國家昌盛。

如果現在不正視這一問題，到了若干年後的將來，中國糧食就有可能依賴進口，而糧食的定價權也不在中國手裡——因為糧食是大宗物資，定價權掌控在華爾街手裡。如果中國過度發展房地產業，過度占用稀少的耕地，中國的房市泡沫將比美國更大，眾多金融機構像高盛、摩根史坦利等，劫掠一票後全身而退，而炒高的房價將把最後進場的中國百姓壓在塔底，買一間房透支三代人的積蓄，而糧食依賴進口，又將被這群狼再撕咬一番。

中國該怎麼辦？我認為有以下幾點：第一，依據大城市房價居高不下的狀況，可以借鑑曼哈頓的經驗——徵收高房地產稅以補

貼租房者，並限制租金增長每年不能超過通膨率；第二，可以學習新加坡，由政府建造組屋（按：Flat，新加坡和馬來西亞的公共房屋），改善經濟困難家庭的處境；第三，堅決抑制投機房市攫取暴利，使房價軟著陸（按：soft landing，經濟過度擴張後，平穩回到經濟適度增長的區間，且回落過程中沒有出現大規模通貨緊縮和失業）；第四，引導地方政府不過度依賴 GDP 推動經濟增長的模式。

同時，影視節目應避免推崇豪華住宅，媒體也應報導西方國際大都市住房的真實狀況。當人民了解海外的百萬富翁也和他們一樣租房而居時，心裡或許能釋然：一輩子租房又何妨？擁有房子，並不是衡量幸福的唯一標準！

由於絕大多數家庭不向銀行貸款就買不了房子，於是透過寬鬆信貸，房地產市場就成為金融霸權撈錢的最佳平臺。也正是因為這一消費性信貸模式嚴重扭曲供求關係（只要有購房意願，就能貸到房款），房價被越炒越高，泡沫不斷變大。

或許，人們會注意到一個有趣的現象：房價飛漲的地區，房租並不隨之上漲，有時還甚至下跌。這是因為**房租不能靠借貸，非得用現金支付，租金反映的才是一般民眾對房子這一商品的真正承受力，是真正的供求關係。**

例如前面提到的杭州房價，原本一間人民幣 12 萬元的公寓，十幾年一過，變成了人民幣 90 萬元。但每月的房租十幾年前是 600 元，比通膨的比例還低，等於十幾年來不漲反跌。

寬鬆信貸的消費模式，表面上給一般人帶來提前擁有房子的實

惠，實際上卻讓人花了更多冤枉錢。因為房價越高，從銀行貸款的數目就越大，利息更多，而一旦等你還不出房貸，銀行就索性將房產一併收掉，一夜之間你便流落街頭。

房地產市場是金融霸權撈錢的最佳平臺，泡沫越大，他們撈得越多。這就是華爾街開創的現代鍊金術。下一章，我們將更深入、詳盡的分析。

現代錬金術

1 〉 證券化：華爾街的移山大法

　　當今主宰世界的金融體系，說到底是華爾街的金融體系。而不受管制的自由市場，使金融霸權下的華爾街得以獨霸世界資源，他們製造金融詐騙，從政府、大眾等範圍內，給予金融流氓和投機分子濫用壟斷權力進行投機的機會，開創不平等分配社會財富的機制——以提高股東權益為合法的幌子，瘋狂劫掠世界財富。

　　銀行證券化是完成劫掠財富的手段之一，而衍生性金融商品的發明，則達到證券化的極致，變成了現代鍊金術。

　　在原先的資本市場中，信貸的基石是信任，一方必須信任另一方將履行承諾。例如放貸方必須信任借貸方有能力歸還貸款、投資人必須相信他們能看得見投資回報等。貨幣市場對信任有著高度依賴，因為貨幣市場短期的交易量頗為巨大，一旦失去信任，貨幣市場便會立刻陷入崩潰。

　　例如 2007 年的次貸危機，次貸金額 1.3 兆美元，數額並不大，但問題出在次貸的證券化，先是「化」成了 2 兆美元的次債，再衍生出信用違約交換（CDS），最後，尚未結清的 CDS 高達 55 兆美

元，這就是個龐大、驚人的數字了。

　　而國際結算銀行（Bank for International Settlements，縮寫為BIS）的報告指出，截至 2008 年 6 月為止，其他各種以類似方式衍生、尚未結算的場外交易衍生商品，其價值總額為 648 兆美元。這是什麼概念呢？相當於 2008 年全球 GDP 78.36 兆美元的 8.27 倍！全世界人均十多萬美元。世界財富真有這麼多？

金融危機的背後原因

　　自二十世紀大蕭條以來，美國經歷過一系列的金融危機。例如：1982 年，佩恩廣場銀行（按：Penn Square Bank，位於美國俄克拉荷馬州〔Oklahoma〕的小型商業銀行，因承保大量不良的能源相關貸款，並出售給其他銀行，這些貸款的損失導致其出現嚴重財務問題，最後於 1982 年 7 月宣布破產）大崩潰、1980 年代末期的儲貸危機（按：savings and loan crisis，因美國聯準會快速升息對抗高通膨，導致儲貸機構承作的固定利率房貸下跌，但同時資金成本上升，必須支付更多利息才能吸引存款，後來導致儲貸機構大量虧損、無力償還）、1998 年避險基金長期資本管理公司（Long-Term Capital Management L.P.）遭逢巨大失敗，以及 1995～2001 年的網際網路泡沫（dot-com bubble）。

　　不過，這些金融危機造成的損失，都無法和次貸危機相比。例如 1998 年，震驚全球的長期資本管理公司大崩潰，其大量購入的發

展中國家債券，因俄羅斯金融危機而造成 46 億美元的損失；1990 年代日本泡沫經濟破滅，損失 1,500 兆日圓（約 19 兆美元），日本經濟出現長期停滯，至今尚未全面恢復，因而有「失落的 10 年」、「失落的 20 年」，甚至「失落的 30 年」之稱。

然而，次貸危機的震撼力卻是空前的，它導致金融系統的每一個角落都劇烈震動。私人住宅抵押貸款證券、商業抵押貸款證券以及由資產作抵押的抵押債務證券都停頓了交易，連各個州和地方政府為建造學校或公共建設籌資所發行的免稅債券，也都捲入了風暴的漩渦，遭到市場的猜疑。

不僅房屋抵押證券面臨災難，全球貨幣市場也迅速遭遇了同樣的災難。

美國以及歐洲央行建立了一套結構性的投資工具（Structured Investment Vehicles，簡稱 SIV）。SIV 一般是以購買資產抵押證券來籌集資金，包括抵押貸款證券和出售短期商業票據等。

在低利率主導市場時期，SIV 可以非常簡單發行短期商業票據，再用籌得的款項購買長期住房抵押貸款證券。但次貸危機一來，貨幣市場基金和投資人對於 SIV 發行的商業票據失去信心，SIV 頓時被開除出局。

而華爾街將證券化不斷向全球推廣，其結果就是全球財富被神不知鬼不覺的轉移到華爾街。證券化真可謂華爾街獨創的「移山大法」！接下來，我們就要認識、剖析證券化的真相。

2 | 證券化的形成與威力

1970～1980 年代，由於通貨膨脹和高利率，美國銀行很難賺到利潤；另一方面，新建立的貨幣市場基金卻有著很高的投資回報，誘使存款資金全部湧向那裡。

同時，1980 年代初期，許多銀行野心勃勃的貸款給拉丁美洲國家，但那些國家沒有好好管理貸款資金，導致數億美元的違約。1980 年代中期至 1990 年代初期的儲貸危機，使 745 家銀行倒閉，納稅人因此承擔了 1,300 億美元的金融災難。

金融市場的變化無常和儲貸機構的金融欺騙，最終不得不以財政（融資）手段解決危機。無奈中，決策者設立了一個稱為清理信託公司（Resolution Trust Corporation，縮寫為 RTC）的機構。RTC 採用了一種金融技術——證券——將利息和本金以交易形式出售給投資者。

由此，新的群體——證券投資者——便誕生了，他們成為貸款的擁有人，有權獲得利息和本金。於是，**證券化便一發不可收拾，從汽車貸款到商業抵押貸款，全都被製作成證券，出售給廣大的投**

資者。證券化竟出人意料的解決了儲貸危機，減輕納稅人的負擔，簡直是振奮人心之舉。

　　然而，證券化其實並不是 RTC 率先採用，這一榮耀要歸功於房利美、房地美及聯邦住房管理局（Federal Housing Administration，縮寫為 FHA）。不過，是 RTC 首先證明證券技術適用於所有商業類型的貸款。

　　不僅如此，RTC 為了使證券化能夠通行無阻，還建立一套法律和會計規則，以及投資者交易買賣證券所需要的基礎設施。到了 1990 年代中期，RTC 由於營運出現問題而倒下，於是，華爾街便興高采烈接過了掌控證券的方向盤。

貸款證券化，風險轉移到投資人身上

　　投資銀行家採用證券化，首先透過信用卡這一大眾市場，利用借款人的信用分數和有針對性的直接行銷技巧，使銀行找到將信用卡發放到數以百萬中等收入（甚至低收入）家庭的方法。這一領域對銀行唯一的限制，來自於他們自己的資產負債表——缺乏足夠的存款或資本，銀行便被限制，不能自由的大幹一場。

　　而證券化就解除了這一束縛。**當信用卡證券化，銀行不需要存款就可以放貸**，這時，**就有投資者購買由信用卡抵押支援證券所提供的資金**。到了這一步，資本已經不是問題，因為是投資者擁有持卡人的貸款，而不是發卡銀行。信用卡貸款因而劇增，到了 1990

年代中期，應收款增加了一倍。

證券化的威力，也運用在繁榮時期的房屋淨值貸款和住房建造貸款。當美國國會取消對非抵押貸款債務利息的減稅後，第二抵押貸款在 1980 年代後期大幅上升，因為房屋淨值信貸額度的利息依然可以抵稅，持有房屋者如果缺錢，可以用自家房子抵押，廉價、簡便的貸到所需款項，拿來購買遊艇、豪華轎車、珠寶項鍊。創新的行銷手段使獨棟別墅頗具吸引力，有取代公寓的趨勢。到 1990 年代中期，房屋淨值和住房貸款幾乎增加了三倍。

但是，**最活躍的信用卡、房屋淨值和住房建造的放貸人並不是銀行，而是金融機構**。這些金融機構無需吸收存款，因為貸款已經證券化了。正因為無需吸收存款，金融機構便不像銀行那樣受到監管機構的監控。如果金融機構倒了，納稅人不會受損失，只有金融機構的股東和其他債權人會虧損。因此，金融機構便為所欲為，越來越瘋狂，毫無顧忌的降低或完全違背傳統的貸款標準。

於是，銀行保持資產負債表的貸款模式，便迅速讓位給新模式——貸款證券化，並將其出售給廣大的投資者。銀行業這一模式變化被監管機構全面認可，因為銀行並不擁有貸款，也就不需承擔風險，這就減少了儲貸危機再次發生的可能。但事實上，**這些貸款所涉及的風險並沒有消失，只是被轉嫁到投資者身上**。實際上，風險已被廣泛的延伸到金融體系之中。

接下來發生的事件，敲響限制證券的警鐘。拖欠、違約及個人破產案例開始劇增，那些還款能力不足、不應得到信用卡及房屋淨

值貸款的家庭，首先陷入了困境。而這些貸款抵押證券，最終引發1997～1998 年的全球金融危機。

這一事件始於東南亞負債的經濟，一直延伸到俄羅斯，最終導致長期資本管理公司大崩潰。1998 年秋季，幾天內市場所有的交易都停止了。美國聯準會調降利率，房利美和房地美迅速購買大量的抵押證券，為市場提供其急需的流動性，恐慌才因此平息。可是，對許多金融機構來說，這些救市措施還遠遠不夠，許多銀行要不是被併購，就得面臨倒閉命運。危機的影響力大約持續 10 年，直到發生次貸危機。

前面已經提過，次貸本身的金額只有 1.3 兆美元，即便「全軍覆沒」也不可怕，可怕的是次貸進一步變成次債，數字立刻被放大了四十多倍，變成 55 兆美元。當房價高到再也沒有傻瓜接棒時，房市便難以為繼，人們唯恐避之不及，那把鋒利無比的下跌利劍，很快就斬斷了爬上金字塔的階梯，底盤立刻鬆動、坍塌。

證券化威力有多強？

在美國，抵押貸款銀行和房貸經紀公司通常都是小型企業，屬於低成本營運的行業，出現和消失都非常迅速，全依賴房地產市場的流量。在房市火熱期間，市場上有一半的次貸，是透過全美 30 家最大的放貸機構發放。其中，美國國家金融服務公司（Countrywide Financial Corp）異軍突起，靠火熱的房市發跡、壯大。

　　該公司在 2006 年時獨占鰲頭，發放的抵押貸款占全美市場的 20％，價值約為美國國內生產總值的 3.5％，公司董事主席兼執行長（chief executive officer，縮寫為 CEO）安吉羅‧莫茲羅（Angelo Mozilo）在 2009 年被美國證券交易委員會指控內幕交易和證券欺詐。

　　美國國家金融服務公司的神奇之處，主要來自銀行抵押貸款業務，這是一個炮製巨額利潤的「印鈔廠」——藉由各種管道，在全國市場範圍內放出所有抵押貸款，銷售到二級市場（上市後的股票、債券、選擇權和期貨等的資本市場。例如紐約證券交易所，就是人們看得見、流動性最大的二級市場），主要形式就是住房抵押貸款證券。

　　該公司 2006 年發放的抵押貸款，占全美市場的 20％，其中卻有 45％ 不符常規的房貸。所謂「不符常規」，指的是公司有一條貸款政策，允許放貸給可支配收入少於 1,000 美元的家庭。這群低收入家庭連生活支出都難以為繼，肯定無法按時支付貸款。儘管人人都心知肚明，但有錢賺，誰管那麼多？**反正貸款一經包裝，轉手就賣給投資人了，投資人才是冤大頭——房貸的真正主人。**

　　當美國國家金融服務公司發放抵押貸款時，再將抵押合約賣給像兩房那樣的機構，經過兩房的精心包裝，變成抵押貸款證券，這些證券隨後又被出售給全球各個政府、銀行或投資基金，乃至於個人，風險便轉移到投資人的身上，這就是移山大法之一。而不符合抵押貸款的證券必須賣給私人，屬於二級市場的替代投資。

2007 年 8 月 3 日，這個二級市場停止了大多數不符合貸款標準的證券交易，美國國家金融服務公司的資金鏈立刻陷入困境。

三大信用評等機構——惠譽國際（Fitch Group）、穆迪公司（Moody's Corporation）和標準普爾——將美國國家金融服務公司的債券評級下調了一或二級，接近垃圾的地位。一夜之間，其債券價格投保的費用上漲了 22%，這就限制了公司獲得短期借債（發行商業票據）的能力。商業票據在貨幣市場屬主體，它被認為既安全又具有流動性。發行商業票據的代價通常低於銀行貸款。有數以百計的儲戶使用銀行存款帳戶或定期存款單，藉由貨幣市場來投資商業票據。

不符合貸款標準的證券交易剛停止不久，全美已有 50 家抵押貸款機構申請破產保護。到了該年 8 月 15 日，美林證券宣布美國國家金融服務公司可能破產，消息一經公布，再加上無法發行新的商業票據，公司股票從其峰值下跌了約 75%。

2007 年市值曾高達 240 億美元的美國國家金融服務公司，到了 2008 年 1 月 11 日，竟然以 40 億美元「賤賣」給了美國銀行（Bank of America）。一場鬧劇終於收場。

槓桿放大利潤，也放大風險

這麼多年來，利潤豐厚的證券化商品早就成了華爾街最主要的業務，包括為客戶做交易和承銷債券。因此高盛、摩根史坦利、貝

爾斯登（The Bear Stearns Companies, Inc.）、雷曼兄弟和美林證券
等投資銀行，都是高利潤產品的代表，特別是多種包裝完美、充滿
異國情調的住房抵押貸款證券交易。

　　這種證券的實際操作，遠比買賣房子至少複雜十倍，且花樣繁
多，像是跨式交易（Straddle，在相同的履約價上，同時買進買權
和賣出賣權）、勒式交易（Strangle，在不同的履約價上，同時買
進買權和賣出賣權）、掩護性買權（Covered call，持有資產現貨的
同時賣出買權，藉收取權利金增加收益）等各種交易方式，將風險
漂亮的包裝起來，變成美麗的罌粟花，使華爾街投資銀行能夠保持
唱高利潤。

　　而高利潤便需要槓桿，真是成也蕭何，敗也蕭何。**槓桿放大
了利潤，同時也放大了風險，成了投資銀行最大的隱憂**。避險基金
經理是最具借錢投資攻勢的一群人，在 2005～2006 年的金融狂潮
期，許多避險基金利用高達 15 倍的槓桿效應投資，也就是自己投資
1 美元、借用 15 美元的比例。避險基金承諾提供超高的回報，但高
回報一定伴隨著高風險。

　　**如果賭注下對了，槓桿作用確實能保證投資者巨大的回報。但
如果賭注下錯，帶來的可就是滅頂之災了**。例如，避險基金欲購買
價值 100 美元的次級抵押貸款證券，基金自有資金 10 美元，另外借
用 90 美元。如果證券價格上漲 10％，回報則是 100％，比原來 10
美元增加一倍。但若證券的價格下跌 10％，基金的自有資產也就蕩
然無存。所以說，槓桿作用下的投資是致命的。

那些基金經理何以膽大包天？就是為了利潤。

如果賭輸了錢，必須他們自掏腰包賠償，肯定沒人敢。但正因為他們不是用自己的錢投機，賺了他們贏錢，虧了也是別人口袋裡的錢，他們照樣拿，因為「獎金」早已計算在公司的營運成本內。

他們的玩法，已達到賭徒的最高境界——穩賺不賠。像高盛、摩根史坦利和美國國際集團等金融機構，本事更大，不只是穩賺不賠，甚至玩到「大到不能倒」——由政府做後盾。但是，貝爾斯登和雷曼兄弟就沒有這麼好運，最終玩到倒閉。不過也沒什麼，倒閉之後還是可以重新再來過。可以說，只要華爾街模式存在一天，金融海嘯還會繼續發生，像貝爾斯登和雷曼兄弟那樣的滅頂之災也會重演。

貝爾斯登表現最突出的兩個避險基金——貝爾斯登高級結構性信貸基金（Bear Stearns High-Grade Structured Credit Fund）和貝爾斯登評級結構信貸增強槓桿基金（The Bear Stearns Grade Structured credit Enhanced Leveraged Fund），是那次金融震盪的催化劑，兩支避險基金投資的 AAA 級債務擔保證券（CDOs），都使用了極高的金融槓桿，即使採用抵消風險的避險手段——ABX 指數，也阻止不了它們走向死亡之路。

這看上去是一個成功的模型：購買債務的成本來自於 CDOs 所收取的利息，以信用保險的成本做避險。兩檔基金最終呈現高額的回報率。然而，隨著抵押貸款違約率上升，一切都被破壞了。投資次級抵押貸款證券的基金大幅縮水，基金經理沒有做足避險，以涵

蓋其槓桿作用下擴大的巨大虧損。

　　而借錢給基金的銀行，面對次級抵押債券的蒸發，這種突發性的虧損使銀行異常緊張。於是，銀行要求貝爾基金以更多的資金做抵押，迫使貝爾出售債券籌集現金，這使得次級債券的價格下降得更快，銀行就更加不安，要求更多的資金擔保，從而造成貝爾斯登銷售更多債券。如此惡性循環，沒多久貝爾斯登避險基金便分文不剩，噩夢就此開始。

　　2008 年 3 月，摩根大通以每股 10 美元的價格正式收購貝爾斯登。而就在 2007 年 1 月，貝爾斯登的股價曾高達每股 170 美元。貝爾斯登全球員工約有 14,000 人，並鼓勵員工持有公司股票，員工持股量達到總股本的三分之一。股價大跌，不只貝爾斯登的員工遭受巨大損失，還有廣大的投資者。

　　而雷曼兄弟則因過度投資 CDO，也緊跟著貝爾斯登倒下了。雷曼是以購買住宅和商業房產貸款證券做後盾（它大膽假設房屋市場永遠不跌），因而大量投資 CDO 市場。由於雷曼完全依賴短期貸款做生意，為獲取高額利潤並及時連本帶息歸還貸款，就只有鋌而走險一途——它以 1:35 的債務比率進行投資。

　　也就是說，雷曼自己擁有 1 美元，從別處借入 35 美元。按這樣的比率，只要其資產負債表中總價值投資下降 3％（雷曼的實際虧損遠遠大於 3％），股東的權益便完全喪失。所以，當房市無情崩潰後，雷曼兄弟終因無力歸還所欠貸款而「壽終正寢」。與貝爾斯登相似，雷曼持股的員工也遭受重創。

把垃圾包裝成黃金，別人的錢放進自己口袋

　　寫到這裡，前面講過的概念就更清晰了：華爾街金融體系是掠奪財富的武器，避險基金經理、外匯交易員、經紀人和投機者是當今的冒險家，投資銀行是武裝船隊，經濟是他們的海洋，上市公司是服務於他們的船隻，而國家則變成了他們的奴僕和監護人。

　　凡事看結果。每到年末，華爾街投資銀行便開始清算「戰利品」──紅包的金額大小是最吸睛的財經新聞。景氣好的時候，各大投資銀行報出的金額一家比一家高：「美林證券平均 45 萬美元」、「雷曼兄弟平均 50 萬美元」、「摩根大通平均 55 萬美元」、「高盛平均 60 萬美元」。當金融危機遠未結束時，高盛還率先高調報出 31,000 名員工、每人有望入帳 70 萬美元，創高盛 136 年歷史的最高值，使大量失業、失去家園的美國民眾怒火中燒。

　　針對美國民眾高漲的怒火，時任高盛董事長兼首席執行官的勞埃德‧布蘭克芬（Lloyd Blankfein），甚至振振有辭的辯解：「我只是一名銀行家，做著上帝的工作（doing God's work）。」言外之意，他們的高額索取名正言順，真是「見過無恥的，還沒有見過這麼無恥的」。

　　金融危機已明確無誤的證明，爆發的核心就是資產證券化。然而，華爾街投資銀行最賺錢的，恰恰就是資產證券化和槓桿化的業務。在這個證券化的過程中，**華爾街 2% 的人把垃圾包裝成黃金（例如次貸證券化）。他們賺得越多，廣大投資者的虧損就越大。**

社會大眾的財富就這樣神不知鬼不覺的被裝進自稱是「為上帝工作的人」的口袋。

我們不妨來看一看，高盛這頭金融巨鱷究竟做了什麼「上帝的工作」。高盛在 2009 年頭三個月的盈利分為四類（以美元計）：

一、金融諮詢：3 億 2,500 萬。
二、股票銷售：3 億 6,300 萬。
三、債券銷售：2 億 1,100 萬。
四、交易和資產投資：100 億。

請特別留意，最後一項的 100 億美元，比華爾街傳統業務總和的幾億美元多上許多，這個 100 億，就是高盛魔術般的盈利。然而，自金融危機以來，高盛從納稅人口袋裡得到的救助有以下幾項（以美元計）：

一、問題資產紓困計畫（Troubled Asset Relief Program，簡稱 TARP）：100 億。
二、聯邦準備系統：110 億。
三、美國聯邦存款保險公司（FDIC）：300 億。
四、美國國際集團（AIG）：130 億。

總共近 640 億美元。如果沒有 640 億美元的救助，高盛將像其

他銀行那樣倒閉，絕對活不到今天。高盛在危機最高點獲得這些救助資金，並再一次利用 20～30 倍的高槓桿，借到相當於 2 兆美元的資金，一躍成為當時最有錢的銀行，而後利用這些錢，在股票市場崩潰和各類資產最低價時大量購進。隨後，在美國聯準會和財政部以「營救金融體系和國民經濟」的名義，投入 23.7 兆美元的資金時，再將那些資產重新膨脹。

　　他們完全獲利於用納稅人的錢，在最低價時購進的資產所創下的盈利紀錄，而納稅人卻沒有得到任何利益，這就是所謂的「上帝的工作」。他們將所賺利潤的一半──超過 210 億美元，臉不紅氣不喘的放進自己口袋。

　　為了平息大眾憤怒的情緒，高盛表示，公司 30 位級別最高的管理者將不接受 2009 年的現金獎勵，改以股票代替現金。這種換湯不換藥的「典範」之舉，依然難息民憤。當時美國上班族的平均年收入不過 5 萬美元，而華爾街光是紅利，就接近普通上班族平均年收入的 15 倍。

　　華爾街闖下大禍，令全球經濟進入衰退，使大量無辜的民眾丟掉飯碗，但分發「戰利品」卻絲毫不手軟，這能不令人憤怒嗎？

　　然而近年來，華爾街獲得的最大「戰利品」，大概就是中資企業了。

3 華爾街最大的「戰利品」：中資企業

　　從前，各國要抵禦外來侵略，靠的是戰爭這種極端的模式。但現在，掠奪沒有停止，抵禦也在繼續，只是雙方的武器變了。**在當代戰場上，敵我雙方是以不見刀槍的金融為武器**。不過，激烈格鬥、戰場上血跡斑斑、烽火四起的場面，與真實戰爭毫無區別。無論戰敗方是誰，收拾殘局的感覺甚至更讓人痛徹心扉。

　　2001 年，中國加入世界貿易組織（World Trade Organization，縮寫為 WTO）後，中國經濟以驚人之勢崛起。WTO 的貿易規則，賦予成員國之間的經濟優勢：貿易壁壘降低，門戶也隨之開放。更具意義的是加入了 WTO，就等於在全球的商務桌上占有一席之地，它標誌著一個國家的重要地位。

　　中國加入 WTO 後，打開了全球的市場。固定的人民幣值，使中國製造保持最低成本，吸引世界各地的工廠、企業湧向中國。世界上再也找不到其他地方，能僱用成千上萬的廉價工人。

　　大量低成本的中國紡織品，源源不斷的向美國和其他已開發國家出口。1990 年代中期，中國在全球經濟體中扮演的還只是個小角

色，但僅僅 10 年，中國一躍成為生產最終財（Final good，經濟學中指最終用於消費而非生產其他產品的財貨）超過全球十分之一的國家，滾滾財富隨之而來。

　　在中美貿易往來中，面對突如其來的財富，中國菁英階層最初不知如何是好。**最簡單的方法，就是購買美國國債存放中國人民賺來的血汗錢。因為美國國債最安全，又具流動性，且不需要複雜的金融知識便可操作。**此時，中國的財富令華爾街饞眼欲滴，就像狼聞到了血腥味一般。

誰承擔兩房留下來的資金空洞？中產階級

　　眼看中國積蓄越積越多，但美元這一獨特的貨幣時常為了其自身的利益，時貶時升，使中國握有的美國國債收益不穩（這一現象將在後面分析）。

　　假如只考慮資金的安全性，十年期國債的收益率是 4%，回報不錯。但是，現金滾動的速度和中國經濟兩位數的增長速度相比，4% 的回報率就顯得微不足道了。中國出於自衛，為抵禦美元貶值使資產縮水的微小聲息，就足以使華爾街蠢蠢欲動了。他們到中國兜售帶有異國情調的衍生性金融商品，像是企業債券、住宅抵押證券和債務擔保證券等。他們糊弄中國購買證券的故事，特別有說服力：

　　在過去的半個世紀中，美國持有房子的人獲得數兆美元的住宅抵押貸款，貸款的損失可以說只有千分之一。大蕭條時期，美國有

些地方的房價下跌，但那也是暫時的。除此之外，美國房價根本不會下跌。

在此情形下，中國擴大了投資組合，開始做出數量巨大和大膽的投資決定：購買房利美和房地美發行的美國機構債券及聯邦住宅貸款抵押公司的債券，以平衡美元貶值帶給中國的巨大虧損。中國巨資源源不斷的湧入美國，持有美國兩房發行的證券為 3,763.26 億美元，資產抵押債券（Asset-Backed Securities，簡稱 ABS）為 2,060 億美元。

對於投資兩房發行的資產抵押證券，中國政府態度謹慎，並做過一番功課。兩房私有化之前，有著政府背景及市場的壟斷地位。兩房並非直接把貸款借給購屋人，相反的，他們從銀行和放貸機構購買抵押合約，給銀行或放貸者騰出更多現金，再貸給購房人士或延長更多的貸款。雖然美國政府並沒有正式為這些證券背書，但曾擔保過。

然而，**中國和其他各國政府，以及共同基金、退休基金、保險公司和個人投資者等無論如何都沒料到，兩房把從銀行買來的次級房貸，經過一番「精美包裝」，放進價值 5.2 兆美元的債券市場，並獲得證券最高評級 AA**，幾乎跟美國國債一樣可靠，是固若金湯、只賺不賠的投資，且回報還比美國國債高。

不幸的是，2008 年 9 月 8 日，兩房的黑色星期一，一開盤，房利美股價就從 2.05 美元下跌至 0.73 美分，而房地美從 3.60 美元跌至 0.83 美分，均跌破 1 美元，衝破紐約證券交易所設定的 1 美元

「警戒線」，進入交易所監管部門的重點關注名單，面臨被下市的可能。而 2007 年，兩房的股價還分別為 68.60 美元和 65.88 美元。

美國政府最終救起兩房、放棄雷曼兄弟，這讓中國大大鬆了一口氣。

由於美國政府接管了兩房，持有兩房普通股和一般優先股的投資人便倒楣了。他們的股息在接管期間被取消，美國財政部還可以認購相當於兩房 79.9％ 的普通股股權，大大稀釋了普通股的價值。

跟著蒙受損失的是持有兩房優先股的金融機構，包括美國和歐洲銀行。這些機構大約持有總額 50 億美元的優先股，評級機構標普已將兩房的優先股評級調降到 14 級，穆迪也宣布將兩房優先股評級降至垃圾級。

但是，**當衍生性金融商品的高利潤被金字塔頂端之人掠奪後，巨大的洞將由誰補？毫無疑問，當然是金字塔最底端之人——納稅人。**根據估算，拯救兩房的資金至少需 1 兆美元，平均每個納稅人必須負擔 6,000 美元。而納稅人之中，最倒楣的非中產階級莫屬，他們既沒有富豪逃稅漏稅的資本（需要大量專業人士服務），又不甘於像窮人（基本上不用納稅）那樣賴在政府身上。除去富人和窮人，**每一個中產階級都可能分攤高達上萬美元。**

IPO 遊戲，上市公司就像待宰羔羊

中國政府躲過了次貸危機，但其他投資是否安全呢？我們先從

中資海外上市和金融改革談起。1999 年，花旗集團的投資銀行（當時名為所羅門美邦〔Salomon Smith Barney〕）成為中國海洋石油有限公司海外募股的主要承銷商之一，由此大撈一票後，沉寂了好幾年，讓位給摩根史坦利，承銷中國電信、中國聯通和中國石化等公司。

2003 年底，花旗投資銀行好不容易憑藉全球最大的 IPO——中國人壽上市——打了個漂亮的翻身仗。到了 2004 年，花旗集團表示要作為戰略投資者入股中國建設銀行，因此，花旗投資銀行最早進入中國建設銀行的 IPO 承銷團之列。

但最終，又是摩根史坦利捷足先登，不但擔任中國建設銀行上市的承銷商，還為其穿針引線，引入中國建設銀行的戰略投資者——美國銀行，在兩家銀行高效率的談判和合作協定之中發揮重要作用。

承銷商的角色使華爾街在中資銀行上市中大撈了一票。因為沒有獨特的技巧能夠精確計算股票的發行量和價位，上市公司本身也無法確定市面上的需求量。**按常規操作，上市公司就像待宰羔羊，得聽任承銷商說一是一，說二是二。**

當一切都塵埃落定，上市公司就只有支付承銷商專家意見費的份。這其中灰色地帶太多，極容易被濫用，傳出來的醜聞也不只一、兩起，表明承銷商說一不二的地位。

發生在承銷商這一頭最惡劣的事，莫過於使投資者買入的新上市股票，在幾天、幾個星期或幾個月之內，價格急速下降。所以，

華爾街總是傾向於在低價位上成交，以保證股票上市後上漲的趨勢。不過，承銷商也想讓上市公司高興，使他們以一個合理的價格籌集到所需的資本。但承銷商更想讓買了上市公司股票的大客戶高興，當下一次要籌集資金上市時，他們還是得回頭找那些客戶。

一般而言，公司公開上市，是期望將公司進一步壯大。特別是對小型公司而言，**公司上市最明顯的優勢，在於可將集資用於技術研究和發展生產，甚至用募集到的資金償還現有債務。另一大益處是可以提高公眾對公司的辨識度，因為首次發行股票，往往是向潛在客戶宣傳新產品的最好時機**，可以促使公司的市場占有率增加，公開上市也不失為個人功成退隱的一種策略。

但其實，**上市也是一把雙面刃**。即便公開上市有諸多益處，但上市公司往往也面臨著許多新的挑戰。最重要的變化是**必須向投資者公開公司資訊，還必須定期將財務報表向中國證券監督管理委員會**（按：中國國務院中負責證券、期貨監督管理的直屬機構。臺灣政府機構中，此一工作為金融監督管理委員會〔簡稱金管會〕負責）**報告，這就增加了各種財務上的開支**。

此外，上市公司還將面臨市場的巨大壓力，導致管理階層把重點放在短期結果，而非長期的增長之上，又因為投資者不斷尋求盈利增長，將致使管理層為追求高利潤而做出瘋狂決策。

然而，中國的交通銀行、建設銀行、工商銀行和中國銀行原本都是國有商業銀行，不同於美國政府沒有貨幣發行權，中國政府主權不受別國控制，財政政策和貨幣發行權全都掌握在國家手裡。而

且在中國，國有銀行的業務壟斷、利潤豐厚，正因為這項特質，華爾街早就躍躍欲試，等不及想瓜分利潤，但又苦於中國金融業不對外開放，找不到突破口，無從下手。

國際財團如何劫掠中資銀行

於是，華爾街大肆唱空中資銀行和中國股市。**2002 年 12 月，高盛公布一份研究報告，稱中國銀行系統不良貸款率為 40%，為亞洲最差的銀行**。到 2003 年上半年，英國《金融時報》（*Financial Times*）、高盛、穆迪和里昂證券（CLSA）紛紛對中國銀行系統提出警告，一再強調中資銀行的不良貸款存在著極大風險，如果處理不當，將毀壞中國經濟的改革成果。西方媒體和金融機構口徑一致，在國際和中國國內大造聲勢，盡其所能貶低中國銀行業。

到了 **2003 年年底，標普等國際信用評級機構將中國主權信用評級定為 BBB 級，是「可投資級」中最低的級別，還把 13 家中資銀行的信用評級定為「垃圾級」**，以便國際金融財團在股權收購交易談判時，拿到談判的價碼。

中資銀行確實存在不良貸款，卻也不至於爛到他們所形容的地步。然而，中資銀行聽信這些「善意」的謊言，於 2002 年底，在銀行系統內全面啟動人事與激勵約束機制的改革，這項改革包括用人制度、用工制度、薪酬制度和培訓體制，使銀行成為較為完整的體系。

中資銀行走到這一步，西方列強還不滿意，因為掠攫財富的橋梁還未搭建。2003 年 5 月，高盛又發布了一份《中國銀行業的風險與出路》報告，為中資銀行指明一條「唯一的康莊大道」──由國家財政注資並引入戰略投資者，然後海外上市（以其定價的壟斷權，先掠攫巨額承銷費，再購進價格低廉的股權）。贏在開戰前，他們把《孫子兵法》學得非常到位。

2004 年 1 月 6 日，中國國務院公布建設銀行與中國銀行將實行股份制試點，同時注資 450 億美元。這一消息獲得許多相關人士的極大關注，經過多方打探與分析，國際大財團於 2005 年開始大舉挺進中國。表面上，他們說這是為了幫助中資銀行改革，實際上卻吞噬中國資產。例如 2005 年，美國銀行透過摩根史坦利穿針引線，在建設銀行注資 30 億美元購入 191.33 億股，約占股份 9％，每股定價僅 0.94 港元（約 0.16 美元）；2008 年，又從匯金公司手中增持了 60 億股，股份占比達到 19％。

然而，美國銀行友好的面具在 2009 年被它親手摘下。2009 年 1 月 7 日，美國銀行在香港以每股 3.92 港元的價格售出 2.5％ 的建設銀行股票，獲利 13.3 億美元。這一舉動導致建設銀行的股價當日下跌 5.8％，香港恒生指數跟著下跌 0.53％。同年 5 月 12 日，美國銀行又故技重施，以每股 4.96 港元的價格售出 35 億建設銀行股票，獲利 73 億美元。

從美國銀行注資到離開，不到 4 年的時間裡，美國銀行從建設銀行獲利接近 100 億美元，這還不包括每年幾億美元的紅利，回報

相當豐厚。

　　無獨有偶，2005 年高盛、安聯（Allianz）和運通公司共同注資 37.8 億美元至中國工商銀行，獲得約 10% 的股份，每股定價為人民幣 1.16 元。他們也採用了和美國銀行同樣的手段——拋售套現。截至 2009 年 2 月底，高盛、安聯與運通公司靠著拋售工商銀行股票，帳面獲利 61.4 億美元，僅比美國銀行 200% 的投資回報率低 40%。

　　其他國家或金融機構也群起效仿。瑞銀集團（UBS Group AG）、蘇格蘭皇家銀行（The Royal Bank of Scotland Group Public Limited Company）、新加坡淡馬錫與亞洲開發銀行（Asian Development Bank）趁機投資中國銀行 87.8 億美元，每股定價為人民幣 1.22 元，最後悉數拋出，共獲利 41.35 億美元。經中國銀行證實，禁售期還未滿 15 天，包括蘇格蘭皇家銀行在內的諸多國外財團紛紛拋售手中的中國銀行股，中國銀行連續遭到三家大股東減持股權，其中，蘇格蘭皇家銀行更是將手持的 108.1 億股的 H 股（按：中國境外上市外資股）股權全部售出，中國銀行股票遭受重創。

　　2009 年拋售股票的外資還有滙豐銀行（HSBC）。滙豐銀行比大多數國外財團還早就進駐中國，它在 2004 年便註冊交通銀行 17.5 億美元，持股 93.1 億，占比 18.6%。2009 年 2 月底，滙豐銀行拋售交通銀行股票，獲利 56.6 億美元，帳面收益 39.1 億美元，投資回報率高達 223%。

　　這些國際金融大財團，就是高盛所謂的「外資戰略夥伴」，**他們與中資上市銀行的戰略夥伴關係，就是在適當的時機，以最低價**

格獲得中資銀行的股權，借用上市遊戲劫掠一票後，就像裝滿戰利品的海盜船，鼓起風帆開溜了，中資銀行便成了他們的取鈔機。由此可見，華爾街上市遊戲和定價權的壟斷，是多麼厲害的武器。

高盛假意開給中資銀行「治病良方」，表面上是為了幫助中國銀行業改革，暗地裡卻上演著「新八國聯軍」戲碼。為何中資銀行會接連上當被騙？追根究柢是中國人民過於善良，以為那些糖衣炮彈都是真心實意的幫助。而像豺狼一樣的國際大財團，因為自己就是豺狼，看別人時自然也是狼子野心，咬住中國就不鬆口，非要將中資銀行撕扯得鮮血淋淋！

這真是片哀鴻遍野的戰場：**國際金融大財團拋售了中資四大銀行的股權後，總共獲利近 236 億美元**。

中國四大上市銀行 2008 年的利潤總額為人民幣 2,953.7 億元，平均增速達到 30.5％。其中，建設銀行實現淨利潤高達人民幣 926.42 億元，增長 33.99％；中國銀行淨利潤為人民幣 635.39 億元，同比增長 13％；交通銀行實現的淨利潤達到 284.23 億元，同比增長了 38.56％；　而工商銀行的淨利潤高達 1,107.66 億元，同比增加 36.3％。但很遺憾的，真正分享高額利潤的是誰？不是廣大的中國股民和四大銀行本身，而是那些吃人不吐骨頭的華爾街豺狼。

僅舉建設銀行為例，當美國銀行拋售了建設銀行股票之後，依然擁有建設銀行 10.75％ 的股權。也就是說，美國銀行還要刮走建設銀行 10％ 以上的淨利潤，接近 100 億元。根據最保守的估計，單單一年，外資就從中資銀行身上剝奪利潤超過人民幣 1 兆元，約

1,471 億美元（按 1:6.8 計算），再加上拋售股權所得 236 億美元，總共從中國人民身上掠取 1,707 億美元。

這是一筆怎樣的巨款？足以收購三家大型商業銀行的控股權，例如花旗集團；可以拯救美國三大汽車巨頭超過 9 次。自中華人民共和國成立以來，建立一支核動力的航空母艦一直是中國海軍的夢想，這 1,707 億美元，可以購置 15 艘核動力航空母艦，包括艦上的全部艦載飛機。

「小盜竊鉤，大盜竊國。」被外來強盜竊取巨額國家財富，對任何一個有血性的中國人來說，都吞不下這口氣，因此，他們也同樣拿起「金融」這一武器反擊。在金融海嘯初始階段，中資企業意氣風發、躊躇滿志，大舉收購海外股權資產，意欲打一場漂亮的翻身仗。但是，結果究竟如何呢？

4 〉虛榮導致毀滅：撞上冰山的美國銀行

2007 年起，中資企業便雄心勃勃的帶著雄厚資金，跨越海洋尋找投資目標了。他們顯然意識到不被欺凌的先決條件，是自身必須強大。

外國資本可以透過併購中資股權，使其資本如滾雪球般越滾越大，中國資本為何不可如法炮製？另一方面，中資企業早已今非昔比，改革開放 40 年，無論是人力資源還是資本積累，都已達到前所未有的成果，此時的中國或許還稱不上狂妄，但肯定不缺自信。

不過很遺憾，時值金融海嘯初始，海底漩渦洶湧、暗礁重重，素諳「不打無準備之仗」道理的中國，卻直面海嘯降臨。因為國際經濟形勢發生巨變，全球各大股市正處於高位調整階段，歐元、英鎊兌美元的匯率也處於不穩定期，雖然出海的中資企業勇猛無比，但因其抄底準備不充分，結果可想而知。

以中國最大的金融公司中國投資有限責任公司（以下簡稱中投）而言，中投第一筆大交易投資 30 億美元，獲得美國私人股權投資公司黑石集團（Blackstone Group）10％ 無投票權的 IPO 股票，

但截至 2009 年 2 月底（以下時間點同），帳面虧損 24.6 億美元；第二筆投資 50 億美元，獲得摩根史坦利 9.9％的股權，帳面虧損 29.2 億美元；第三筆投資德國控股公司 Hypo Real Estate 5.1 億美元，虧損 98％，幾乎全軍覆沒。單單中投這一家公司，便虧損了高達 58.8 億美元。

而 2008 年 1 月底，中國鋁業集團有限公司以每股 60 英鎊的溢價，耗資約 140.5 億美元，投資澳洲礦產公司力拓集團（Rio Tinto Group），獲得 12％的股權。按照 2009 年 2 月底每股 18 英鎊的收盤價計算，不僅股價本身下跌，當時英鎊兌美元又貶值大約 28％，力拓的股份一下子縮水了，帳面虧損 118.5 億美元，跌幅高達 84.3％。

平安保險公司挫敗得也很慘烈，在 2007 年底和 2008 年初，它耗資 32.2 億美元（20.7 億歐元）獲得荷蘭—比利時金融服務公司富通集團（Fortis Group）5％的股權，收購價分別為每股 19.05 歐元和 10 歐元；到了 2009 年 2 月底，富通股價每股只剩 1.68 歐元，再加上歐元兌美元貶值約 11％，當初投入的 32.2 億美元，僅剩下 2 億美元，跌幅高達 94％！

全軍覆沒的還有人民銀行香港下屬公司，耗資 10 億美元投資美國華盛頓互惠銀行（Washington Mutual Inc.），因互惠銀行倒閉，所有投資一分不剩；爾後投資法國道達爾能源（TotalEnergies SE）又虧損 10.9 億美元。還有國家開發銀行投資英國巴克萊銀行（Barclays）虧損 29.9 億美元、工商銀行投資南非標準銀行集團

（Standard Bank Group）虧損 35 億美元……中資企業這趟出海，到 2009 年 2 月底清點戰果，竟以帳面虧損 293.1 億美元宣告挫敗，總虧損高達 76％。

為何外國資本能在中國穩操勝券，中資企業跨海出征卻敗得如此慘烈？個中緣由錯綜複雜，中資金融機構並未公布詳情。不過，從當前許多中國企業急於進入世界 500 強、一再強調要將企業「做大做強」的豪言中，不難看出挫敗的端倪。

併購不一定 1+1>2，有時會走向毀滅

想將企業「做大做強」本無可厚非，不過這其中有迷思，不能光為了大而「做大」，因為「做大」並不等於「做強」。有時併購似乎能快速「做大」，一旦消化不良，反而適得其反，結果不一定是 1+1＞2，更多的時候則是 1+1＜2，甚至走向毀滅。

更何況，與中資交戰的對手，是給中資開過「藥方」的外國資本，中資的底牌他們可是探得一清二楚。反觀中資企業，他們知道對手的黑洞有多深嗎？例如中投公司投資摩根史坦利，事實上，摩根史坦利金融證券化後留下的黑洞，跟美林證券相差無幾。

中投公司投資摩根史坦利，無異於美國銀行收購美林證券，遭遇慘敗毫不奇怪。

美國銀行在中國建設銀行掠劫一票，卻在狼吃狼的華爾街栽了跟斗。**美國銀行失敗的根源，就在急於求成，他們在收購美林的過**

程中狂妄自大，自認穩操勝券，未做足前期調查便盲目行動。以下我們就來剖析美國銀行是怎樣像鐵達尼號（RMS Titanic）一樣，因為低估海底的漩渦與暗礁，最終撞上海底冰山。

一個企業的成功與否，與掌舵的管理人員不無關係。美國銀行前CEO肯·路易斯（Ken Lewis）曾是位成功的銀行家，他一生的目標就是帶領美國銀行成為全球最大的一站式金融機構。可惜野心越大，跌得也越慘。如果時光可以倒流，也許路易斯寧願將2008年9月從日曆中抹去。

在危機開始的初期，路易斯好大喜功。他幾度扮演超人，先是以40億美元全股交易的方式，收購了爛帳無數的美國國家金融服務公司（就是先前談及的美國最大抵押貸款金融機構），向冰海沉船邁出了第一步；之後，又以超大手筆收購美林證券。

沒料到竟然遭遇老奸巨猾的美林前CEO約翰·塞恩（John Thain）暗算，美國銀行這艘鐵達尼號因此撞向海底冰山，迅速向冰海中沉沒。

2008年9月12日晚間，美國最具權威的大人物們齊聚在聯準會辦公大樓，商討雷曼兄弟公司的命運。偌大的辦公室裡，坐著當時的美國財政部長亨利·鮑爾森（Henry Paulson，任期為2006～2009年）、美國證券交易委員會主席克里斯多福·考克斯（Christopher Cox，任期為2005～2009年）、聯準會主席班·柏南奇、兩個雷曼兄弟公司潛在的買家──肯·路易斯和英國巴克萊銀行的代表約翰·瓦利（John Varley），外加華爾街五大投資銀行

的高層。

　　6 點整，會議一開始，鮑爾森便先傳達一條嚴酷的訊息：政府不會動用納稅人的錢救助雷曼，雷曼唯一的出路是依靠非官方部門的救助。得知政府無意出手資助雷曼，路易斯立刻離開了會議室，走出聯準會大樓——這決定了雷曼兄弟破產的命運。

　　那時的路易斯有資格、也有本錢傲慢。在他的領導下，美國銀行紅色醒目國旗般的標記，遍布全國 17,000 個自動提款機，服務 5,500 萬戶美國家庭，擁有 5,910 億美元的儲蓄存款。

　　眼看各大金融機構的股價都縮水一大半，他長期的競爭對手花旗集團也因為過度投機金融衍生性金融商品，從輝煌走向沒落。美國銀行由於較少參與次貸業務，此時一枝獨秀，也難怪鮑爾森對他寄予厚望，希望他能幫助美國政府打撈不良資產，而華爾街大亨也都紛紛盯上他。

　　當雷曼兄弟前 CEO 理查・傅德（Richard Fuld Jr.）還在強硬的自我辯護時，另一個**投資銀行大亨、美林證券 CEO 約翰・塞恩卻做出了歷史性的決定，他向路易斯發出「誠意」的求救信號**。塞恩比傅德更狡猾，他曾是財政部長鮑爾森的部下、高盛前營運長（chief operating officer，縮寫為 COO），之後又出任紐約證券交易所主席，一手推動其上市。

　　塞恩於 2007 年底受美林證券董事會高薪邀請，受命挽救美林。當時，美林董事會的開價非常誘人——簽約獎金每年 1,500 萬美元，根據美林的股價，每年還可以收 5,000 萬到 1.2 億美元的紅包。

　　塞恩深知美林證券的問題不比雷曼少，也許下一個破產的公司就是美林。

　　說實話，上任不到一年的他對美林毫無留戀，資產保值、獎金保值是他唯一的目標。但是，路易斯願意出手接這個燙手山芋嗎？塞恩也沒把握。但他不斷向對方強調，美林擁有華爾街最大的經紀人菁英團隊，而美林在前幾個季度已經做出大幅資產減記，未來不會有太大的問題。

　　而路易斯的積極呼應倒是出乎塞恩的預料。就在他們首次接洽的 24 小時後，美林證券和美國銀行就已達成每股 29 美元的收購協定。雙方董事匆忙召開一次特別董事會，批准這項交易。

　　2008 年 9 月 15 日上午 9 點整，路易斯和塞恩在紐約召開記者發布會，宣布美國銀行將以 500 億美元收購美林證券。

　　這天無疑是投資銀行歷史上最戲劇化的一天——有 94 年歷史的美林不復存在，158 歲的雷曼兄弟宣布破產。

買的不是美林證券本身，而是意義

　　這番逆勢而為的大動作，一下子令路易斯取代過往星光熠熠的銀行家，成為備受關注的銀行界新王者。「閃電獵人」、「華爾街的拯救者」，路易斯沉醉在鎂光燈下。他最大的願望是超越前任——享譽銀行界的休·麥科爾（Hugh McColl）。

　　麥科爾曾任北卡羅來納國民銀行（North Carolina National

Bank）CEO，擅長以低價收購優質資產，在他任職的 8 年間，主持了超過 100 項收購專案。其中最大的一個專案是 1998 年以 490 億美元併購 Bank America，從此公司更名為美國銀行（Bank of America）。這一名稱成就了麥科爾的帝國野心，創建了業務遍布全美的巨型銀行模型。

路易斯是麥科爾的得力助手，幾乎參與了公司所有重大的收購與整合，因為一次次收購，他得以平步青雲。美國銀行的高階主管們不但一起工作，生活娛樂也在一起。路易斯和麥科爾住在北卡羅來納州的夏洛特市（Charlotte），加入相同的鄉村俱樂部。麥科爾在 2001 年已經退休，但他的身影和影響力卻依然處處可見。

2001 年，路易斯 54 歲時，接替麥科爾成為美國銀行 CEO。上任之後，他在一張白紙上列出所有他想收購的公司，而他後來也這麼做了——他收購了富利波士頓金融（FleetBoston Financial）、銀行控股公司 MBNA、拉塞爾銀行（LaSalle Bank）和美國國家金融服務公司。

但所有這一切，都比不上超越麥科爾轟動。**2007 年初，路易斯曾經開價 1,000 億美元收購美林證券，卻被美林前 CEO 史丹利‧奧尼爾（Stanley O'Neal）拒絕。**

而這個時候，能以一半的價格將世界著名的投資銀行收入囊中，世界上還有比美林更大的戰利品嗎？於是，路易斯不顧各方的壓力，在兩天之內倉促決定了這筆交易。

他甚至怕別人搶走這塊大餅，在分析師們質疑這筆交易支付

了過高溢價時反駁：「難道我們要等美林反悔，或者等其他銀行介入？美國銀行必須迅速採取行動，機會稍縱即逝！」路易斯不但是美國銀行 CEO，還身兼董事長，他一人大權獨攬，誰能說不？

　　一個極具併購經驗的 CEO，為什麼不經盡職調查，就做出如此莽撞的決定？**因為他買的不是美林證券本身，而是美林證券對他的意義**。對他個人來說，併購美林有著巨大的情感意義──麥科爾可從來沒有收購過美林，而現在，他──路易斯──做到了。

　　正如一次訪談中他坦承：「在投資銀行界，這是一個標誌性的名字。一旦將這個公司（指美林）收入美國銀行旗下，我們的戰略目標就完成了！」他的潛臺詞是：我的個人目標也完成了。

　　不幸的是，路易斯這種極度膨脹、極為自大的快感，隨著美林證券失控的財務狀況很快就退去。**隨著收購案的脈絡逐漸清晰，不管是路易斯還是投資者都發現，美國銀行上了美林的當。**

　　美國銀行在 2008 年 12 月初發現，美林證券的虧損遠遠超出預期，內部核算顯示，此前的兩個月內，美林虧損達到驚人的 150 億美元，而 12 月的虧損將更糟糕。路易斯受夠了，準備放棄美林的收購案。他於該年 12 月 17 日飛赴華盛頓，但那時他已騎虎難下。

　　先不談美林證券肯定不答應，鮑爾森和柏南奇更是恩威並施的勸阻：如果此時放棄收購美林，將引發美國金融系統災難性的後果，市場和政府官員對美國銀行的信任也將削弱。這段話的潛臺詞是：你的高位也未必能保。而如果美國銀行同意承擔部分先期損失，政府除了撥款 450 億美元救助資金外，還將再為美銀提供 1,180

億美元的資產擔保。

事實證明，美國銀行收購美林證券是場大災難。一心只為自己利益考慮的塞恩，在第四季度虧損超過 150 億美元的情況下，還趕在 12 月底發給美林高層 40 億美元的年終獎金；此外，甚至厚著臉皮向董事會索要 1,000 萬美元的獎金，理由是由於他精明的交易，為股東換取利益。

塞恩這番索取無疑是搧了路易斯一記響亮的耳光。路易斯在忍無可忍的情形下於 2009 年 1 月趕走塞恩，但他自己的位置也變得岌岌可危。

昔日併購場上的將才，為什麼突然變成了有勇無謀的受騙者？**權力、欲望和極度膨脹的過分自信，導致路易斯判斷失誤。**

虛榮導致毀滅，美國銀行收購案的教訓

路易斯早期的交易有兩個主要特徵：被收購的公司都屬於零售業銀行範疇，且當時的經濟形勢比較樂觀，例如北卡羅來納國民銀行收購 Bank America，以及美國銀行收購富利波士頓金融。這些收購都遵循著既定的原則：削減營業成本、鞏固資產和積累實力，規避競爭者，並創造新的投資機會。

然而，路易斯收購美國國家金融服務公司和美林證券時，上述原則就不適用了。美國國家金融服務公司是抵押貸款機構，不是銀行，且其中潛藏著巨大的貸款虧損；美林證券則更以深陷次貸危機

及擁有太多有毒資產而著稱。

在宣布購買美林的最後一個交易日，美國銀行的股票價格還保持在每股 33.74 美元，之後便一路狂瀉，一度觸及每股 2.53 美元，創 20 年最低位。即使之後有所反彈，也已大傷元氣，想回到之前的價位不知道要等多少年。

美國銀行的大股東傑瑞・芬格（Jerry Finger）因無法容忍資產受損，終於發起倒戈行動，他強烈要求路易斯引咎辭職，為他收購美國國家金融服務公司和美林證券的災難性後果負起責任。

眼見口袋裡的錢蒸發了 95%，股東們當然喊冤叫屈，因為這簡直是無妄之災。與金融危機的肇事者不同，美國銀行作為分支機構最多、以消費業務為基礎的零售性銀行，在這場次貸危機中原本並未受損。

而路易斯其實並非無能之輩，也不是貪圖短期利益的金融掮客。美國銀行是他唯一效力過的公司，他還曾兩度（2001 年和 2008 年）被《美國銀行家雜誌》（*American Banker*）雜誌評為「年度銀行家」。

美國銀行在 2007 年金融海嘯中，為碩果僅存、健康的銀行，他也因此被《時代雜誌》（*Time*）評選為最富影響力的世界 100 位人物之一。

回顧路易斯的故事，好似讀一篇言簡意賅的寓言：**虛榮會導致毀滅**。路易斯過分激進的金融帝國夢，使美國銀行成為銀行混業經營（按：Mixed Operation，是指銀行、證券公司、保險公司等機構

的業務互相滲透、交叉，而不僅局限於自身業務的範圍）體制的最大祭品，他本人一夜之間也功名盡失，先被董事會免去穩坐 8 年的董事會主席寶座，之後又被剝奪了 CEO 的權位。

中國購房的放貸方法已與美國接軌，例如銀行放鬆信貸，讓低收入人士申請購房貸款；甚至有些學者專家高呼「買房就是愛國」。這套做法，與當年柯林頓政府積極推動監管機構，放貸給不符申請房貸資格的低收入族裔如出一轍，房市泡沫因此被吹大了。

而從中資金融機構海外收購挫敗，到路易斯併購美林證券撞上海底冰山，結局幾乎「異曲同工」。當前的中國企業欲向美國看齊，不顧後果爭當龍頭老大。這些在金融風暴中受衝擊的美國企業，無一不在世界百強之列，有些甚至排名前十位，例如美國銀行、花旗和美國國際集團等，全是靠收購、併購而「做大」，都在行業裡稱霸。

然而，**「做大」和「做強」並無必然關聯。大了之後會壟斷，但壟斷不是「強」，而是「霸」，霸道會阻礙經濟健康發展**。因此將企業「做大做強」，不靠急功近利，靠的是一步一腳印。若不然，結果也必定像美國銀行，稍有不慎，便跌入萬丈深淵。

金融業發展的關鍵是人才，招募、培養經得起國際金融市場考驗，且有愛國心的金融從業人員，才是銀行業和金融機構走向國際的當務之急。否則，身為買方的投資者，卻因辨別不清金融產品的風險，只能諮詢身為賣方的國際投資銀行，關於市場走勢和專業知識等問題，這就好比是老鼠掉進米缸，豈有不吃的道理？

第 7 章

美好生活的起點

1 「黑色經濟」的未來

　　現代人的生活幾乎離不開能源，當今全球化的經濟模式，更離不開便宜的能源。

　　以咖啡為例，許多人早起坐上餐桌，就先喝一杯咖啡；早上到公司，或許免不了再喝一杯；而午餐過後、下午茶時間，可能又要再一杯。對許多人來說，一天三杯咖啡根本不算什麼，就像每天三頓飯那樣天經地義。

　　如果能源價格一直這麼便宜，且供應量充足，誰在乎咖啡的產地在哪裡，加工過程需要消耗多少能源，運到市場的貨架上又需要多少路程？

　　咖啡中的貴族──牙買加藍山咖啡（Jamaican Blue Mountain Coffee），出產於海拔近 2,300 公尺的藍山，口味清純不帶苦味，價格自然不菲，一磅（按：約 454 公克）藍山咖啡豆大約 60 美元。而像巴西、衣索比亞（Ethiopia）、海地（Haiti）、印度和厄瓜多（Ecuador）出產的咖啡，在採收、加工去溼、消除發酵、乾燥防黴、拋光、烘烤和裝箱的工序中，每一個步驟都需使用人類發明的

201

機器來加工；裝了箱的咖啡則被送進特殊的貨櫃（乾淨、通風和乾燥，否則咖啡會變味）運到港口，經過海上幾個月的漂流，運往世界各地。這中間每一個細節要燒掉多少能源？這裡所指的「能源」就是石油。

過去華爾街提倡的消費模式，全都建立在低油價的基礎之上。只可惜，**隨著石油枯竭及高油價的來臨，這套模式已走到了盡頭。**

如今，我們可以用天然氣和煤炭來發電，可是，目前世界上的汽車、卡車、貨船、飛機和機械設備，大部分只能用石油運轉。這意味著**全球所有的經濟活動都離不開石油。**

不遵守供需法則的石油市場

有地質學者指出，任何一個油田的石油儲量被開採過半後——技術上稱之為到達「峰值」——若要再開採一桶油，每桶就需要投入更多的資金。而全世界大多數的油田，都已然到達這一決定性的轉捩點。

石油無可替代並日益減少的真相，是 2008 年油價從每桶 30 美元，破紀錄被炒到 147 美元的原因之一。當然，金融霸權是助長油價瘋漲的主因，背後更隱藏著政治因素。

如果哪天油價暴漲，製作和運送咖啡所耗費的燃料也將上漲，而由於成本上漲，咖啡豆的價格也會跟著上漲，人們自然就會計算咖啡的價格。當咖啡變得昂貴時，人們便會從每天喝三杯減少到每

天喝一杯。**投入昂貴的能源從千里之外獲得咖啡，就會變成一筆不划算的買賣，在經濟學上稱之為「削弱的回報率」。**

　　與咖啡同理，如果油價上漲，人們便會減少開車的次數。2008 年 8 月，當油價上升到每桶 147 美元時，美國人開車距離減少了 150 億英里（約 93.75 億公里，此減少數值為與 2007 年 8 月同期相比），是 1942 年美國政府開始蒐集資料以來最大的跌幅月。

　　美國號稱「車輪上的國家」，平均每 1,000 人擁有汽車 765 輛，幾乎每個成年人都擁有一輛汽車，居世界之最。想像一下，美國人開車上班、開車接送小孩上下學、開車去超市購物，又開車到健身房跑步……他們的生活離不開車，沒了車就像沒了腿。

　　然而，全球的石油儲藏量正逐年減少。1966 年新油田被發現、到達產油高峰期，之後便逐漸下降。巴西在 2007 年底宣布發現新油田，石油公司並沒有像發現新大陸那樣召開記者會，向全世界大聲公告。2017 年，全球原油的日均消費接近 1 億桶，正以三倍的速度消耗著新油田的產量。巴西新發現的油田，與消耗量比起來簡直是小巫見大巫，根本不值一提。

　　這也就意味著，全球必須找到每天產油量高達 20 萬桶的油田，才能滿足將來全球的消耗速度。所以，油價居高不下的未來正在向我們靠近。

　　或許有些人認為石油枯竭有些危言聳聽，可是石油爆炸性的需求卻是不爭的事實。除了金融霸權炒作石油價格外，石油生產國——特別是 OPEC 國家——無法滿足大量的需求，是未來全球石

油面臨枯竭的新威脅。

以中國為例，2019 年 1 月 16 日，中國石油集團經濟技術研究院發布《2018 年國內外油氣行業發展報告》，報告中指出 2018 年中國的石油進口量為 4.4 億噸，同比增長 11％。從進口來源地看，中國海運進口原油前三大來源國為安哥拉（Angola）、沙烏地阿拉伯和伊拉克，均屬於 OPEC 國家。

石油價格與石油枯竭，同樣嚴重影響著未來的石油市場，全球經濟增長已無法匹配巨大的石油需求量。換言之，世界主要產油國很快將燃燒掉自產的石油，不再有足夠的石油留給其他國家。

以美國來說，**它燃燒了世界上 25％ 的石油，產出卻不超過全球的十分之一。**

不過，一切商品的價值都由供求關係而定，這裡的「求」是指「有效的需求」，是人們負擔得起的需求。當供不應求時價格會上升，而供過於求時其價格自然下跌。

供求關係的基本法則告訴我們，較高的油價應該吸引更多供應商提供石油，同時扼殺需求。可是**在當今的石油市場，供給和需求的法則卻違背了經濟理論的基本原則。**全球石油需求增長的速度，比油價上升的速度還要快，2008 年創紀錄的高油價（其中暗藏著炒作因素），似乎刺激了越來越多的石油消耗，證明**高油價還無法扼殺高需求。**

自 2003 年起，中國成為世界第二大石油消費國，僅次於美國。中國的石油對外依賴度已由 2001 年的 29.1％，上升到 2018 年

的 69.8％；而中國交通運輸所消耗的石油，占全國石油消耗總量的比例在 2017 年達到近 60％。

中國在金融霸權資本的影響之下，學習美國狂熱追求物質生活，尤其是汽車文化和住房文化，中國的汽車銷量自 2009 年 1 月第一次超過美國，成為汽車消費大國。

1975 年以前，中國每年僅生產 13.98 萬輛汽車，1985 年產量也只有 45 萬輛左右，接著上升至 1992 年近 100 萬輛；到了 2006 年，中國已成為世界第三大汽車製造（僅次於美國和日本）和第二大汽車消費國（僅排在美國之後）。2019 年，中國總共生產 2,780.9 萬輛汽車。

值得關注的是，儘管汽車市場整體遇冷，但新能源車產銷卻仍保持高速增長。2018 年，新能源車產銷分別是 127 萬輛和 125.6 萬輛，比前一年同期分別增長 59.9％ 和 61.7％。其中，純電動汽車產銷分別是 98.6 萬輛和 98.4 萬輛，比前一年同期分別增長 47.9％ 和 50.8％。

能源短缺已成事實，石油資源尤其短缺。而與持續膨脹的石油需求相比，中國原油的自給能力幾乎達到了極限。

如今，中國剩餘原油可採儲量只占全球的 2％，大約為 24 億噸，按目前年產原油約 1 億噸估算，十幾年以後中國就會面臨石油枯竭的境遇。2022 年，中國石油產量為 1.05 億噸，但仍需進口 5 億噸石油。

能源變局，燃油汽車逐漸變成夕陽工業

隨著能源大變局到來，**就歷史的觀點看，燃用石油製品的汽車，無論外形多麼美輪美奐，都只能算是「夕陽工業」**。

美國三大車廠——通用汽車（General Motors）、福特（Ford）和克萊斯勒（Chrysler），重點生產耗油的運動型多用途車（Sport Utility Vehicle，縮寫為 SUV）和小型貨車（pickup trucks），受 2003 年和 2008 年間的能源危機影響，北美消費者對於這類曾經非常流行的車型望之卻步——他們更傾向於購買高品質、低耗油的日本車和歐洲車，三大車廠因此而陷入倒閉的境遇。

而在中國，汽車製造業為刺激銷售額，政府在 2008 年不得不降低汽車稅，使中國汽車製造商在 2009 年 1 月創造出前所未有的銷售佳績。由此可見，能源（也就是石油）是支撐汽車業發展的命脈。沒有石油這一能源，汽車就是一堆「破銅爛鐵」；沒有石油，高速公路就是一座座自然停車場。

事實上，導致油價起伏的因素主要有五點：

第一，**石油越來越稀少**，這是不爭的事實。按照經濟學的供求法則，任何商品一旦越來越少，其價格就會上漲。但是，這一法則在油價上卻不是那麼簡單。雖然石油是特殊商品，用光就沒有了，但由於其定價權操控在金融霸權的手中，因而經常完全違背供求法則，這正是油價忽上忽下的原因。

第二，**當油價上漲到一定程度，世界會變得越來越小**。特別

是當前世界經濟開始陷入衰退，貿易保護主義抬頭，歐美的訂單將
不再發到人工低廉的國家（如中國），因為低廉的人工優勢無法與
高油價抗爭，航行在太平洋上的集裝箱將變成一樁「削弱回報率」
的買賣，許多產品將在本土自產自銷（除非是會造成嚴重汙染的工
廠），以保障當地就業，這也符合各國政府的利益。這也是美國歐
巴馬（Obama）政府為什麼主張修建高鐵、巴菲特投資鐵路運輸業
的原因。

　　第三，當油價上漲到一定程度，各國將加緊開發綠色能源，**未
來綠色能源可能替代部分石油，這也將導致油價下跌。**

　　第四，油是以美元結算的，當美國需要弱勢美元，油價便上
漲。而從長遠來看，美國需要強勢美元以維護其霸權地位，油價因
此會下跌。

　　第五，也是最關鍵的一點，縱觀世界經濟，從來就與政治息息
相關。炒高油價原本是為了抑制中國快速發展，沒料到油價被炒高
卻讓俄羅斯大得其利，而在西方列強的眼裡「兩害相權取其輕」，
比起中國崛起，俄羅斯經濟強大對西方的危害更大。所以，油價會
視西方列強的需要忽而被炒高，忽而被炒低。

　　為了應對國際石油價格劇烈波動帶來的企業經營風險，許多中
國企業與金融霸權控制的金融機構，簽訂了所謂「避險」的石油遠
期保值合約——一種為中國企業量身訂做的詐騙合約。此時不詐，
更待何時？只要中國抵擋不住誘惑，跨出發展汽車的第一步，那麼
第二步就得走，不走就死在原地。所謂「誰控制了石油，誰就控制

了所有國家」，這早在他們的算計之內。

除非中國能控制石油，否則就將被人控制。而中國也確實意識到了威脅，在發展戰略中首先提出走向全球、鼓勵企業海外投資的策略，結果卻是在海外併購創傷累累。

因為中國海外併購是在爭奪他國的經濟利益，或者說是在與已發展國家「爭」資源，他們豈能輕易鬆手。

有兩起併購案先後夭折，足以驗證「有錢並不一定是大爺」。其一是中國石油收購利比亞的石油資產，其二是中國石油化工股份有限公司收購安哥拉的石油資產。

從表面看，併購失敗似乎是技術性失誤，諸如公關、談判技巧等，但實際上是金融霸權在背後操縱。只有夕陽工業——汽車業——輕鬆的就被送到中國，高科技產業和緊缺資源才不會白白送上門。

2008 年油價被炒高、抑制中國發展的節骨眼，眼看石油價格從 2008 年 1 月每桶衝破 100 美元，之後一路飆升至每桶 110 美元、125 美元、135 美元、145 美元。那時，高盛的多位分析師與華爾街御用經濟學家故意製造輿論，宣稱油價將要突破 200 美元，甚至是每桶 400 美元。中國國際航空、東方航空和深圳南山熱電股份有限公司（以下簡稱深南電）等公司憋不住了，不是購買原油現貨儲存，就是著手與華爾街金融機構簽訂合約。等中國企業全部上鉤，一切也就塵埃落定。

截止 2008 年底，中國國際航空避險浮虧人民幣 68 億元，為

其過去兩年利潤的總和；東方航空避險浮虧人民幣 62 億元，為其 2007 年利潤的 10 倍。可謂損失慘重。

　　事實上，所有企業都迷戀於降低風險，並盡可能擴大利潤，但事情往往並不盡如人意。長期以來，企業降低風險的機會極其有限，總是處於金融風險中。不僅如此，就算企業真的盈利，也必須以美元不貶值為前提，因為石油是以美元結算。因此，貨幣貶值就像上帝，企業完全無法掌控。

　　然而，華爾街發明了對抗「上帝」的魔鬼——衍生性金融商品。衍生性金融商品的發明，意味著企業可以透過避險降低經營風險。問題是**衍生性金融商品不能完全消除風險，如果濫用，更可能導致企業破產**。

　　以中國企業深南電為例，為了抵禦油價忽高忽低的風險，反而跳進了高盛集團設下的陷阱。高盛的子公司杰潤（J. Aron & Company）抓住深南電想降低企業經營風險的心理，讓深南電在油價被一路炒高的情況下，遭遇衍生性金融商品的陷阱。

　　對高盛來說，與深南電所簽的兩筆合約交易，最多可撈上億美元，但虧損至多 300 萬美元，因為高盛「賭」油價下跌。從影響油價忽高忽低的五個要素來看，高盛毫無疑問將穩操勝券：油價就是被他們炒上去的。當五個要素之中，已有三個要素決定油價下跌的趨勢，再加上金融霸權掌控著定價權，他們想要讓油價下跌，簡直是小菜一碟。想「賭」贏高盛，簡直是與虎謀皮。最終，深南電面臨巨額虧損，被狠狠詐了一筆。

中產階級的標準，是擁有一間房、一輛車？

此外，在發展汽車工業上，中國與美國有很大的不同。北美人口少，土地相對廣袤；中國人口眾多，又正走向都市化，發展汽車弊大於利。

首先，**發展汽車要建造高速公路，而建造高速公路必定會占用可耕地**。以滬寧高速公路（按：連接上海與南京的高速公路）為例，滬寧公路長 280 公里，每修建 1 公里、6 車道的高速公路，就要直接占用優質農田約 75 畝，整條高速公路直接占用耕地約為 21,000 畝。若是修建 5 條高速公路，直接占用耕地將達到 10 萬畝以上（這條高速公路沿線以平原為主，修路所占用的基本上都是可耕農田）。

如果進一步計算高速公路修建後，**土地品質的損耗程度，其危害甚至比直接占用耕地更大。因為大批往返於高速公路的汽車會排出大量廢氣**，例如二氧化碳、氮氧化物等，這些氣體均來自內燃機的燃燒。

汽車每消耗 1 萬公升石油燃料，將排放 22.3 噸二氧化碳，不但汙染公路兩旁的土地品質，使農業用地失去價值，也汙染城市大氣，危害城鎮居民的身體健康。

滬寧高速公路的擴建工程已完成，原先江南魚米之鄉的景象會因此大為改觀，「水泥巨龍」俯臥於稻穀糧田旁，結果是糧食安全很難保障。

中國人口逐年增長，土地卻逐年減少，而城鄉居民對糧食的需求也逐步增長，以糧食為原料的食品工業和糧食加工工業也需要發展，中國仍應自力更生保障糧食安全。因為金融霸權的跨國公司控制了 95％ 的世界糧食儲備，定價權在他們手上，購買糧食需要美元。別忘了：「誰控制了糧食，誰就控制了全人類。」

中國國務院發布的《全國國土規劃綱要（2016～2030 年）》，要求到 2020 年、2030 年中國耕地保有量要維持在 18.65 億畝、18.25 億畝以上。自然資源部發布《2017 中國土地礦產海洋資源統計公報》顯示，2017 年年末，中國全國耕地面積為 13,486.32 萬公頃（20.23 億畝），超過《全國國土規畫綱要》的要求。

但中國也曾經歷過一段耕地面積快速減少的階段——在 2008 年之前的 11 年裡，中國耕地總面積減少了 1.25 億畝。只是因為分散在各地，減少的時程長達 11 年，所以並沒有引起許多人的警覺。

中國糧食需求呈剛性增長的趨勢，糧食儲存的安全已是警鐘長鳴。正因如此，中國更必須思考這個問題：中國適合發展汽車嗎？

隨著改革開放，中國一部分人先富起來，**汽車在大多數人眼中成了身分和地位的象徵，人們無法克制對汽車的強烈嚮往**。中國報紙上曾有一篇文章，說「中國這些年經濟發展迅猛，人民生活迅速提高，一個『中產階級』正在形成，而『中產階級』的標誌是什麼？就是和美國的中產階級一樣，擁有一間住房、一輛汽車」。

其實，**「擁有一間房一輛車」也不是衡量美國中產階級的標準**。中產階級的標準有很多，**一般認為，中產階級家庭的收入應在**

4 萬～8.5 萬美元（以 2018 年而言）。

除了收入穩定、擁有一定的財富外，中產階級群體還必須受過良好的教育，具有自由意志和普遍的社會關懷。

中產階級之所以成為社會承上啟下的中堅力量，並不單指錢包的大小厚薄，還因為他們具有「一定的知識資本與社會關懷」。至於是否擁有房子或車子，則完全取決於個人喜好、選擇什麼樣的生活方式。在美國，有不少人名下有房有車，但他們的財政狀況已處在破產邊緣。

當汽車越多，生產效率就會越低

有些人可能還有個觀念，覺得當一個地區的汽車越多，那個地區的生產效率就越高。哈佛一份研究報告指出，在郊區或中小型城市情況的確如上所述，但在大城市絕非如此。

在人口超過 100 萬的大城市，汽車數量從無到有的初期階段，生產效率的確成正比提高。可是，當汽車達到一定的數量後，交通成本將會越來越高，漸漸的會與生產力提高相互抵消。而隨著汽車的逐漸增加，就會和效率成反比，那時，整個城市就漸漸變成一個巨大的停車場，大家都動彈不得。

有研究表明，北京因交通擁堵，每年人均損失近人民幣 8,000 元。大多數人對事情往往是只知其一，不知其二。例如菸草工業，有許多經濟學家說雖然吸菸有害身體，但能帶來巨額稅收。不過，

根據加拿大政府多年計算，政府支付給因吸菸得病的醫療費，遠遠超過從菸草公司徵收的稅。

同樣道理，鼓勵私家車帶來的經濟收益，無法抵消由於交通堵塞帶來的損失，更何況還有石油、糧食這些重要的考量因素。目前北京、上海、杭州和廣州等大都市，交通堵塞都極為嚴重。

當然，中國學習美國的開車文化，可能已超出了開車本身的意義。有些人認為，如今中國富裕了，美國人的生活方式中國人也可以擁有。難道只有美國人可以住大房子、開大臺汽車，中國人只能過苦日子？美國彷彿也聽到這些人的呼聲，他們「慷慨」的給中國人車子。於是，落後、淘汰的汽車生產線被輸送到中國，特別是美國境內和歐洲市場銷售較差的高油耗大型車──悍馬（Hummer，通用汽車的品牌），在中國出奇熱銷。

中國一家企業甚至還要爭購悍馬品牌（按：2009 年 6 月 2 日，通用宣布把悍馬品牌出售給四川騰中重工，2010 年 2 月騰中重工未能按期完成收購，通用宣布交易失敗），試想：如果悍馬真那麼好，美國人為什麼賣掉？

狂熱追求物質的消費性信貸，是建築在極端消耗能源的基礎之上，特別是廉價石油。由於地球資源有限，油價居高不下的未來向我們逼近，美國首創的消費性信貸模式也逐漸控制不住。

通用汽車已經為其連續失策付出了代價：悍馬、紳寶汽車（Saab Automobile AB）和鈀星汽車（SATURN）2008 年稅前虧損高達 11 億美元，悍馬在 2009 年頭兩個月的銷售也創下新低，只賣

出 2,275 輛。

而隨著環保意識大幅提升，悍馬的形象也一落千丈。連酷愛悍馬的前加州州長阿諾‧史瓦辛格（Arnold Schwarzenegger），為了他的政治生涯，也只能忍痛將 8 輛寶貝悍馬一一變賣，以混合動力小型車代步。

全球的經濟模式、特別是美國人奢侈的生活方式，全都依賴石油的流動，並以低油價為基礎。從喝咖啡、享受郊外的大房子，到開大車、駕馭每天的日常生活，都與低價石油相關。而石油又日益減少，很少有替代品，價格必然會上漲。當三位數的油價再次回到我們的生活，對中國的加工出口是沉重打擊。

在此有必要再寫一筆——巴菲特投資鐵路、歐巴馬政府計畫投資高鐵之舉，已向我們提供非常重要的資訊：他們在部署新的經濟格局。

近期處於蕭條期的富裕國家對石油的需求下降，但並不等於富裕國家對石油的需求永遠停滯不前。一旦金融市場的各種危機塵埃落定、經濟恢復，油價定將發生變化。因為經濟活動與能源需求齊頭並進，想要經濟增長，就一定要消耗能源。這就是為什麼石油儲藏量威脅著全球經濟。

當蕭條過去後，以廉價的石油保持經濟增長、繼續我們熟悉的生活將變得越來越困難。2008 年衰退前油價供求不平衡，每桶接近 150 美元；進入下個週期的衰退前，不平衡的現象可能還會再現。

因此，美國人的生活方式也將隨之改變。當開車的花費高到一

般人無法承受時，駕車次數自然會減少；當咖啡、汽油、電腦等價格都上漲時，人們就會減少支出。而當人人都減少支出時，華爾街「御用」經濟學家肯定會出來呼籲：人人都減少開支不消費，經濟又要陷入衰退了，趕快消費！

按照經濟學的供求法則，任何東西只要價格一上漲，需求自然減少，一旦需求減少，供給便會增加，供過於求時，價格也就隨之下降，這樣一來，人們就又可以享受低價商品了。

但這個道理完全不適用於石油，因為石油是特殊商品，不僅用光就沒有了，定價權也操控在金融霸權的手中，完全違背供求法則。他們早已撒下大網，控制石油、糧食、美元貨幣的發行。而以中國如今的經濟發展，不可能再回到每天只消耗 200 萬桶原油。

中國是否真就無路可走，跳不出圈套了？別急，還有北歐經濟模式可以借鑑。

過去 40 年來，華爾街鼓吹的提前消費、借貸消費的經濟模式，出現了根本性的問題。這種過度消費的經濟模式，把地球生態推向絕境。

由於許多國家向這個模式看齊，氣候產生變化，洪水、乾旱和森林大火越來越頻繁；人類面臨淡水短缺、表層土地受腐蝕和自然物種減少的威脅。人們賴以生存的生態環境遭受嚴重損壞。全球科學家幾乎同聲驚呼：人類必須為此負起全責。因此，華爾街的舊模式一定要破，俗語說：「不破不立。」只有破舊，才能立新。

金融霸權之下的華爾街金字塔模式，不僅害慘了美國人民，也

害慘了全世界的普通人民。華爾街消費性信貸模式，大幅扭曲供求法則，使其能夠炒作股市和房市，便於金融霸權趁資產泡沫時掠奪各國財富。

　　金融霸權借助外國資本挺進中國，「協助」中國金融改革撈了一大票，更打著解決中國就業的旗號，靠剝削中國工人的勞力，開闢一條依賴美國的出口導向型經濟，拉高了 GDP 的增值率，使美國政府能像當年吃定日本那樣，以中國工人用血淚換取的外匯儲備，透過低回報的債券形式又流回美國（大量購買美國政府債券）。美國政府為減輕債務負擔，使出手段頻頻貶值美元，令中國資產大幅「蒸發」；美國聯準會趁機大量印製美元、降低利率，聽任美元進一步貶值，並不斷製造輿論，期望藉由中國及整個世界的通貨膨脹，幫助他們稀釋債務。

　　但另一方面，為了保值美元資本和追逐利潤，以華爾街為首的金融機構紛紛投資全球房市，炒高房市、大撈特撈；為了更大的利潤，美國聯準會與華盛頓當局逼迫人民幣升值；一旦美國經濟喘過氣來，聯準會調高利率，全球資本必將回流至美國，中國的房市、股市必定遭殃。

　　在今後的中美金融戰中，中國國力不斷提高，應充分發揮後發優勢，摒棄華爾街提前消費、消費性信貸模式。

　　抵制以化石燃料、煤、石油和天然氣為基礎的「黑色」經濟，發展新的綠色經濟，以可再生能源取代化石燃料，節約能源、高效使用能源；抵制消費性信貸，提倡勤儉、腳踏實地：企業鼓勵發明

創新，國家興辦教育、培育新人，中國經濟方能持續發展、跳出金融霸權布下的天羅地網。

2 | 擺脫 GDP 的緊箍咒

　　氣候變化，已然成為二十一世紀全球面臨的最嚴重的挑戰之一。由於全球氣候變化，造成頻繁的自然災害和溫室效應，使太平洋地區數十個島嶼面臨消失的命運，例如：南太平洋的島國吐瓦魯（Tuvalu）可能是第一個沉入海底的國家。

　　今後，環境若繼續惡化，可能迫使某些地區人口大遷徙；因發展生產，各國爭搶能源，又將導致世界經濟和政治的大動盪。

　　因此，**人類已經到了抉擇的關鍵時刻：選擇經濟快速發展，還是選擇修復地球留給我們的生存空間？**而壯士斷腕的痛苦選擇，首先必須看清 GDP 的誤區。

　　GDP（國內生產毛額）是衡量一個國家整體經濟表現的標桿。簡單的說，就是一個國家一年內所有產品和服務的市場價值。而確定 GDP 通常有三種方法，原則上都會得到同樣結果，分別是生產面（最終產出法）、分配面（所得面）和支出面（最終用途衡量法）。這三種方法中，最直接的是生產面的計算，它綜合了每一級企業產出的總和。

如今，**GDP 已被經濟學家作為衡量一個經濟體是否健康的標準，因為 GDP 能較快速的確定一個經濟體的相對變化**。然而，以 **GDP 作為衡量生活水準的指標，卻被認為是有限的**。GDP 的衡量標準，往往與生活水準成正相關，因此受到越來越多國家的質疑。

不僅如此，如果經濟活動的目的是為了生產保持人類整體生態可持續增長的生活標準，那麼 GDP 就是一種悖逆的衡量方法，因為 GDP 並沒有將貧富之間的收入差距計算在內。

衡量貧富差距的指標：吉尼係數

國際上通常以**吉尼係數**（Gini coefficient）**衡量人民收入的差異程度**，其數值在 0～1 之間。按照國際標準，**吉尼係數在 0.2～0.3 之間，表示收入狀態比較平均，處於 0.3～0.4 之間為相對合理，0.4 為警戒線，表示收入差距較大，達到 0.6 以上則屬於危險狀態，表示收入差距懸殊**。

1978 年，中國的吉尼係數僅為 0.317，而根據中國國家統計局公布的數據，2021 年的吉尼係數為 0.47，超過國際公認的警戒線（按：根據國家發展委員會資料，臺灣 2021 年的吉尼係數為 0.341）。

事實上，短期內收入不平等比率的上升，可能影響長期收入不平等狀態下降的速度。眾多諾貝爾經濟學獎獲獎者都提出：大到國與國之間的貧富懸殊，小到個人之間的收入不平等，貧富差距因素

已成為困擾經濟長期增長的重要原因之一。

　　根據麥肯錫《中國 2019 年奢侈品報告》顯示，2018 年中國人的奢侈品消費總金額，竟高達人民幣 7,700 億元，占全球奢侈品消費總額的三分之一。中國富人最愛喝茅臺酒，一瓶人民幣幾萬元的茅臺酒更是搶手貨，越貴銷路越好。這些**富人購買奢侈品的心理，並不在意商品本身的價值，而在於一個「貴」字——越貴、面子越大，也越能體現他們的成功。**

　　國際上有多種貧窮門檻的定義，一般把赤貧線劃在每天日常生活支出為 3.2 美元，貧困線為 5.5 美元。若以此定義來看，中國 13 億人口中，每 6 人就有一位赤貧，而生活在貧困線以下的人則更多，占全中國人口的 49%。可見，中國的貧富兩極已經形成。

　　如今，貧富差距已危害貧寒子弟公平就業的機會。例如：上海靜安區某間重點中學，曾在一則招聘廣告上公開宣稱，應聘者必須擁有靜安區的房產，若不然，應聘者入職後還要為買房耗費心力，就不適合此職位的要求。

　　從表象看，這一事件似乎是對貧窮者的歧視，房價過高使初出茅廬的學生因買不起房，而無法應徵喜歡的工作。眾所周知，人才是社會發展最寶貴的人力資源，僅僅因為無特定地區的房產，便不能應徵相應地點的工作，其實是一種浪費社會資源的犯罪行為，對教師尤其如此。

　　但若追本溯源，問題其實出在 GDP 上。中國一些地方政府的官員，似乎非常看重、依賴房地產業，因為房地產的發展為他們帶

來 GDP 增長資料，而有了 GDP 高增長，才有所謂的「政績」。

再以上海為例。鄧小平於 1990 年拍板，將浦東新區定為出口加工區、高科技園區和保稅區，實施比特區更優惠的政策，因此吸引了全球 500 強的總部紛紛進駐陸家嘴（按：上海主要金融中心之一，被喻為「中國的華爾街」）。然而好景不長，隨著房價暴漲，浦東已成為全中國最昂貴的地段。

2005 年，在外灘對岸陸家嘴的濱江大道，房地產企業湯臣集團推出一平方公尺人民幣 12 萬元的豪宅，連帶附近的房屋均價也到達一平方公尺人民幣 4〜6 萬元，中、小型企業無法承受，陸家嘴券商紛紛搬離浦東的高級辦公樓。甚至大型企業如東方證券總部，也搬遷至一江之隔的黃浦區，而光大證券上海總部則搬至靜安區。

此外，更多企業落腳上海的閔行區、松江區，甚至週邊長三角城市（按：全稱為「長江三角洲城市群」，中心城市為上海，副中心城市為南京、杭州、合肥，其他則包含江蘇省、安徽省、浙江省及上海市的所有城市），儼然新一波的集體搬遷潮。

特別要提的是上海英特爾（Intel）。1994 年 11 月，英特爾進駐浦東外高橋報稅區，是第一家開設大型生產企業的外資公司，而 2010 年第一季度，英特爾決定關閉上海工廠，全廠搬遷至成都。「撤離」上海灘之後，至少有 1,200 名員工面臨失業問題，這些失業人員的房貸該怎麼還？怎麼撫養孩子？新工作有眉目嗎？

英特爾搬遷完全是因為上海日漸上漲的地價。與上海相比，成都的人力成本與土地使用成本都便宜得多。身為外資企業，英特爾

在中國開工廠本來就是受到廉價勞動力的驅使，如果上海連這一點優勢都失去了，英特爾當然選擇搬遷他處。

而由於英特爾的半導體工廠屬於密集型產業，英特爾搬家也推動上海其他企業的新戰略，紛紛搬出上海，隨英特爾遷入成都。一起搬遷的至少有百家企業，大致分為兩類：一類是英特爾的全球供應商，另一類是專做英特爾的上海供應商或物流。作為巨頭的英特爾，做出這麼大的決定，自然是牽一髮而動上海全身。

由此可見，無論是工廠大遷移，還是券商遷出辦公樓，雖然意義各異，但結果是相同的：提高土地價格似乎提高 GDP 的增長率，卻對國家的市政建設和企業擴大再生產，產生了巨大的不利因素。因為成本提高了，炒作房產盈利更大，誰還願意發展生產？

GDP 忽略的經濟活動與成本

另一方面，**GDP 計算將未提供給市場的經濟活動排除在外。例如主婦的家務勞動，或是義工的無償服務**。在美國，無償服務大多是在不收費的軟體（如Linux）中進行，與 GDP 貢獻無關。但是按商業公司的估算，無償服務的價值超過了 10 億美元，這一價值被 GDP 低估。而從官方的 GDP 估算中，地下經濟這一有價的生產也被忽略不計，例如非法貿易或逃稅活動，也因此導致 GDP 被低估。

還有許多不直接以金錢計算的經濟活動，也被 GDP 忽略，造成 GDP 數字不準確或低估。例如：國家發生的非正式主要商業交

易，因部分地方的經濟部門不易註冊，又或者以貨易貨的交易比直接用金錢更方便，甚至延伸至服務領域（例如在中國農村常有的狀況：10 年前我曾出勞力幫你蓋房子，現在我需要時就輪到你來幫我），而這些經濟活動往往很難計入 GDP。

有時，**高 GDP 體現的卻是一種低效率和浪費**。例如 GDP 忽略了對商品品質的考量。人們可能一遍又一遍的購買低價、不耐用的商品，而較少購買貴重的高耐用商品，因此貨幣價值體現在第一種情況的比率要高於第二種，就此低估了真正的經濟增長。

舉例來說，現在的電腦比以往更便宜，功能也比以往更強大，但 GDP 卻只按貨幣價值計算相同的產品，而忽略商品品質改進後的新產品價值。

事實上，儘管新產品提高了人們的生活水準，卻難以準確衡量 GDP。例如二十世紀初，最富有的人也無法購買抗生素和手機，但現在就算是普通的消費者也都能買到這些現代產品，因為早些年這些產品根本就不存在。

另外，**GDP 的計算還包括不產生淨值變化或災難造成的重建資料**，例如戰爭或自然災害的重建，會提高 GDP 的經濟增長率。醫療保健則是另一個典型體現經濟價值的例子，A 型流感病毒 H1N1 亞型（Influenza A virus subtype H1N1）侵襲全球後，世界各國都採取免費接種疫苗的措施，各國的醫療費用隨之提高，GDP 自然增長。

此外，**GDP 不能衡量增長的可持續性**。一個國家可能因過度開採自然資源，而實現 GDP 高增長，或因為投資錯誤分配使 GDP 高

速增長。例如，大量的磷酸鹽礦床曾使南太平洋島國諾魯（Nauru）成為地球上人均收入最高的國家之一。然而，1989 年諾魯的磷酸鹽耗盡之後，他們的生活水準急劇下降。

像石油資源曾經一度豐富的杜拜（Dubai，阿拉伯聯合大公國〔United Arab Emirates〕的經濟中心），完全不發展高科技產業及其他實體經濟，而是學美國以金融和房地產拉動經濟，以低個人儲蓄率和高消費帶動虛假的 GDP 高增長，將杜拜從沙漠上高高舉起。

無數美輪美奐的建築拔地而起：哈里發塔（Burj Khalifa，高828 公尺，2009 年以來一直是世界第一高樓）、杜拜簽名塔（Dubai Signature Towers，原名為跳舞塔〔Dancing Towers〕）、杜拜金字塔酒店（Raffles Hotel Dubai）、阿拉伯塔（Burj Al Arab，也被稱為帆船飯店）和動感摩天樓（Dynamic Tower，或稱為達文西旋轉塔）等。這座繁榮的海市蜃樓和奢華的世界之都，最終引發了一場信貸危機。

杜拜的「輝煌」告訴我們，以抵押未來換取眼前短暫的 GDP增長，迄今為止都無法持續發展，最終將導致崩潰。超級強國美國靠房地產拉動經濟，結果引發 1989 年和 2007 年兩次崩盤；經濟強國日本靠房地產拉動經濟，1980 年代末創下整個東京房價可以買下整個美國的神話，但一夕之間房價垂直下跌，經濟萎靡 20 年，至今依然難以振作。

而**估算 GDP 增長的主要問題，是貨幣購買力在不同商品所占的比例不同**。當 GDP 的數字隨著時間推移而貶值後，GDP 增長要

由所使用的商品籃子減去相對比例GDP貶值的數字而決定。

打個比方，在過去的80年間，如果以馬鈴薯購買力衡量美國的人均GDP，並沒有顯著的增長。但如果以雞蛋的購買力計算的話，就增長了數倍。為此，經濟學家通常使用不同的商品籃子，以比較不同的國家。

另一個計算GDP價值的錯誤，是**跨國界商品品質的差別，就算經過購買力平價調整，也難以準確估算。因為比較跨國購買力時，會出現尋找類似商品籃子的困難，使這類調整產生匯率的爭議。**

例如，生活在A國人民消費梨子的數量與B國的人相同，但A國的梨子比B國的更清甜。這種商品品質差異不會展現在GDP統計數字裡，尤其是住房，更是不可能放在世界市場上交易。因此，跨邊境轉讓定價的貿易，就有可能扭曲進出口貿易的真正價值。

最重要的一點是，**在發展生產過程中造成生態系統的損失，也沒有計算在 GDP 之內。**由於GDP誇大經濟福祉的計算，而忽略了外在性的損失，在高度依賴資源開採的國家生態足跡裡，其GDP和GPI（按：為 Genuine Progress Indicator〔真實發展指標〕的縮寫，旨在彌補 GDP 的缺陷而提出的指標）之間的差距可能非常大。例如清理海面漏油的費用被包含在GDP計算之內，但環境惡化的成本卻並未納入。

特別是在1990年代，世界銀行和國際貨幣基金組織策劃一套政策，與美國聯準會一起跟華盛頓當局達成共識，包括放鬆銀行管制和市場自由化、私有化和縮小政府規模，強調GDP增長率。然

而，**GDP 增長對整體經濟、社會、政治和環境可否持續發展，是否真正有助於提高人民生活水準的問題，卻遭到嚴重忽視。**

重視 GDP 增長，反而讓全人類陷入危險

中國自 1990 年代初期起，因為躲在幕後的掠奪者過分吹棒 GDP 增長率，而加緊其「世界工廠」的步伐。已有分析表明，由於經濟強國只考慮自身利益，世界銀行的政策反而增長貧困，損害環境、公共衛生及文化多元化。

前世界銀行總裁勞勃・佐利克（Robert Zoellick，任期為 2007～2012 年）曾是高盛集團常務董事，他於 2007 年 5 月經時任美國總統喬治・沃克・布希（George Walker Bush，任期為 2001～2009 年，其父親同樣擔任過美國總統，因而常被稱為小布希）任命，並通過世銀董事會批准，同年 7 月正式走馬上任，成為第 11 屆世界銀行總裁。

你或許想問，世界銀行代表著一百八十多個國家，為什麼總裁要由美國總統任命（名義上須經其他成員國同意），且必須由美國公民擔任？由於美國是世界銀行的最大股東，所以世界銀行的行長，又稱「總裁」（President of World Bank），一向都是美國人。

1968 年，時任美國總統林登・詹森（Lyndon Johnson，任期為 1963～1969 年）任命勞勃・麥納馬拉（Robert McNamara）為世銀總裁（按：任期為 1968～1981 年）。

　　麥納馬拉擔任世銀總裁之前經歷輝煌：哈佛 MBA、哈佛商學院助教、福特公司總裁，以及第 8 屆美國國防部長。這裡先不談身為國防部長的麥納馬拉如何化解古巴飛彈危機、如何指揮越戰，著重的是麥納馬拉擔任福特汽車總裁和世銀總裁的表現，揭開世銀運作的真面目。

　　麥納馬拉進入福特公司，可以用「臨危受命」形容。當時，福特瀕臨破產，麥納馬拉從規畫經理做起，並兼職財務分析，運用哈佛學來的削減成本和控制成本的技巧，首先改革與管理福特行政混亂的局面，並注重新車型的研究與開發，使福特擺脫第二次世界大戰後瀕臨崩潰的厄運。

　　但很奇怪的是，麥納馬拉 1968 年當上世銀總裁後，他一改世銀扶持貧困國家的政策，將貸款目標轉向建造學校和醫院，外加大規模的農業改革。

　　為此，麥納馬拉建立新的系統，專門蒐集潛在借款國家的資訊資料，以便銀行加快貸款審批流程。為了籌集貸款量增加所需要的資金，麥納馬拉命令世銀副行長尤金‧羅特伯格（Eugene Rotberg）到北部以外的銀行（此前銀行資金的主要來源）尋求新的銀行資金來源。羅特伯格便將全球債券市場大幅增加的資本金額，提供給世界銀行。

　　隨著扶貧貸款迅速崛起，第三世界國家的債務如發瘋般的加重，可謂越扶越貧。龐大債務使這些國家難以翻身。更可怕的是，1976～1980 年第三世界債務的年均增長率為 20%，這些窮國只能像

奴隸一般聽任富裕國家的擺布。

　　世銀由少數經濟強國內部治理、缺乏透明度的管理方式，引起貧窮國家的強烈不滿。這一世界金融體系既不公平，也不民主。既然知道它不公平和不民主，是否可以重新修訂呢？很簡單，不能！因為美國不同意。

　　美國有權說「不」，因為世界銀行和國際貨幣基金組織，是由當年的布列敦森林制度衍生而來。全世界各國將根據銀行股票的份額得到加權票，美國獨占 16％。在遇到重大事項表決時，美國的優勢顯露無遺。

　　那麼，是否可以聯合其他國家，把投票權加在一起？這樣就能超過 16％、掌握主動權了。但還是不行！世銀憲章裡有一條規定：遇到重大的事項，例如修訂章程等，必須有 85％ 的票數才可通過。哪怕全世界的國家通通聯合起來也沒有用，美國一票便能定勝負。這就是世銀和國際貨幣基金組織（布列敦森林制度）的奧妙所在。

　　但是，哪裡有剝削，哪裡就有反抗。**為了抵制美國和西方的霸道行為，南美洲七個國家**（阿根廷、巴西、巴拉圭、烏拉圭、厄瓜多、玻利維亞、委內瑞拉）**成立了南方銀行**（Bank of the South），**目的只有一個──減少美國在南美的影響力。**

　　認清世銀的本質，高盛常務董事做了世銀總裁（掠奪他國財富、控制世界經濟）也就不奇怪了。佐利克可謂久經沙場，曾擔任過多個政府要職，包括美國貿易代表（為美國總統制定貿易政策，代表美國政府進行雙邊或多邊的貿易談判）、美國副國務卿（負責

外交事務）等，是非常活躍的人物。佐利克在北美經濟論壇會上，被記者追問中國是否打算減少購買美國國債時，便立刻警告：「中國任何突然單方面的行動，都可能進一步惡化全球的金融局勢。」

佐利克唯恐講得不夠明白，接著補充：「隨著時間推移，我想中國今後可能會將外匯儲備多樣化，但我們必須指出中國對維持其匯率兌美元一直非常敏感，你不能那樣做（不購買美國債券），除非你不買美元，如果你買美元就必定持有美元證券。所以它體現出一種真正的共生的關係……在這種環境下，如果你的保護主義爆發，不管表現在哪方面，或者是對金融市場產生疑問，這些因素都能使脆弱的局勢和情況變得更糟糕。」

由此可以看出，佐利克捍衛美元為全球儲備貨幣的立場毫不掩飾。潛在之意就是中國已被綁架了，無論如何都得買債券，沒有第二條路，中國必須借錢給美國；全球經濟的恢復必須靠犧牲中國利益來拉動（美元疲弱，人民幣升值，中國外貿出口便下降，為美國企業創造就業機會，同時中國的美國資產——債券，也由於美元疲軟而貶值）。

身為世銀總裁的佐利克，無視他國利益，利用世銀總裁的身分在全球製造輿論，維護的只有美國的利益——更準確的說是金融霸權的利益。

在強調 GDP 增長率的陰謀策劃下，這一缺陷的指標長期以來竟被各國作為衡量宏觀經濟所倚重的指標，使許多國家付出慘重的代價。

　　由於 GDP 被普遍視為有益和必要，在過去重視 GDP 增長的經濟活動中，反而帶給全人類一個危險的生存環境，還帶來錯誤的市場訊號，包括價格。因為價格的制定並沒有把環境成本和健康成本反映在後代子孫的需求上，也沒有將民眾的教育程度及幸福感計算在內。

　　從生態角度來看，**隨著 GDP 增長，環境破壞的程度肯定隨之增加**，這一關係隱含在簡單固有的事實中——衡量 GDP 的標準，是根據消費增長而定。說得透澈點，GDP 是造成環境惡化的罪魁禍首。

　　以中國而言，鼓吹 GDP 高速發展的模式，已使中國變成全球的垃圾場，生態環境嚴重失衡。溼地正迅速消失，入侵物種也製造更大的危害，中國森林覆蓋率僅為 16.5％。

　　最可怕的是中國有越來越多的綿羊、山羊和奶牛，正追逐著越來越少的草原，這是使中國北部、西部省分植被和土地變成沙漠的根本原因。以相同規模的牧場而言，美國僅有 900 萬頭綿羊和山羊，中國卻有 3.66 億頭羊，過度砍伐、耕種和放牧，使土壤變得極差，中國有 30％ 的土地受沙漠化威脅，4 億人的健康無法得到保障，每年造成的直接經濟損失高達 4 億美元。

　　1950 年代，中國土地沙漠化面積只有 15.6 平方公里，到了千禧年幾乎翻了一倍，達 36 平方公里。再過 50 年，中國北部和西部將有 24,000 個村莊被流沙淹沒，逼迫人們離開故土、遠走他鄉。而荒地變成的沙、塵埃和熱空氣強風，將吹及全中國，甚至逼近美國西部的洛杉磯（Los Angeles）。過去幾年頻繁的沙塵暴，已證實中國

沙漠變荒地的嚴重程度。

2019 年，中國水資源量為 2.8 兆立方公尺，但中國人均水資源僅 2,200 立方公尺，只達到全球平均水準的三分之一。資料顯示，自 2013 年起，中國的生活汙水排放量持續增加，從 2013 年的 485 億噸，增至 2017 年的 571 億噸，複合年增長率為 4.2％。

而另一方面，2013 年至 2017 年，中國工業廢水排放量呈下降趨勢，主要由於產業升級及政府在工業汙染防治方面的持續努力。工業廢水排放量自 2013 年的 210 億噸，降至 2017 年的 191 億噸（按：據統計，2020 年又下降至 177.2 噸）。

環境破壞的歷史與借鑑：泰晤士河

中國的「母親河」長江，現今正重蹈英國泰晤士河（River Thames）的悲劇：數億噸沿岸泥沙被河水沖走，古森林急劇減少。長江的白鰭豚、中華鱘、刀魚、鱭魚已趨於滅絕，其汙染程度遠遠超出人們的想像──長江的生命力正在消失。

事實上，傳統的資本經濟活動從早期英國第一次工業大革命開始，這麼長時間以來，總是忽略計算自然資源和生態系統的成本。而大自然的「報復」也是觸目驚心，只要回頭看看英國的泰晤士河，就可以預測中國將要為 GDP 增長付出何等的代價。

十九世紀前，泰晤士河河水清澈、魚蝦成群，河面飛鳥翱翔，被譽為英國的「母親河」。倫敦居民三分之二的飲用水都從泰晤士

河汲取而來。

但隨著工業革命興起，無數工廠沿河而建，工業廢水和生活汙水未經處理，便大量流入泰晤士河，導致水質嚴重惡化。再加上泰晤士河沿岸垃圾、汙物堆積如山，便成了倫敦一條排汙明溝。

當時英國政府修建攔截式的地下排汙系統，還修鑿了與泰晤士河平行的下水道。**這套系統抑制了倫敦的汙染，卻把市區的汙染問題轉移到倫敦下游的河口處。**於是，英國政府又斥資在河口處建造汙水倉庫，把汙水存儲起來，等退潮時再將汙水排入河流。

1950 年代末期，隨著倫敦人口的激增，泰晤士河水中的含氧量幾乎為零，魚類幾近絕跡，美麗的泰晤士河變成一條「死河」。1960 年代起，英國政府開始立法，規範泰晤士河排放工業廢水和生活汙水的相關細節。

經過二十多年艱苦整治，耗資 20 億英鎊，沉寂了 150 年的「死河」才煥然一新，變成世界上最潔淨的城市水道之一，河中魚類已恢復到一百多種，但整治的代價何其巨大！英國政治家約翰・伯恩斯（John Burns）曾說，**泰晤士河是世界上最優美的河流，「因為它是一部流動的歷史」。**

而至於中國，約有四分之一的省分面臨嚴重缺水問題，聯合國統計部門評定相關省分人均年均淡水資源量少於 500 噸。隨著都市化人口增加及汙染情況，用水需求不斷增長，水資源短缺問題將越發嚴重。

如果世界各國再聽信 GDP，全球缺水問題將更突出。現在，

全球每三人就有一人缺水，影響世界 20% 的人口和 30 個國家；到
2025 年，全球就將有 30% 的人口、約 50 個國家面臨缺水危機。

　　如果人類還不懂得節制，要 GDP 而不要生存，到了 2050 年，
全球將會有五分之一的人口苦於嚴重缺水，有 32 億人因缺水而沒有
食物。霍亂、瘧疾將再度肆虐，到時全球將有大規模的物種滅絕，
近三分之一的人會因缺水而成為難民。可以說，人類已到了生死存
亡的關鍵時刻。

　　為了追求 GDP 而喪失最寶貴的人力資源和生存環境，豈不正
好應證「皮之不存，毛將焉附」（按：比喻事物必須互相依附才能
存在。語出《左傳》：「皮之不存，毛將安傅。」）的古諺？

3 ▏信用卡很方便，但有陷阱

中國自古以來有「量入為出，開源節流」、「集腋成裘，聚沙成塔」、「一分耕耘，一分收穫」的古訓，幾千年來，人們無不遵循古老的傳統。但到了現在，中國的發展模式緊跟美國，華爾街以不勞而獲為誘餌，使廣大民眾放棄儲蓄，「用明天的錢圓今天的夢」的信貸消費，在中國也大行其道——許多人貸款買房、買車。

我們應該了解，華爾街推出的消費性信貸模式，會扭曲真實的供求關係，最終掠奪公眾財富。所謂「用明天的錢圓今天的夢」，聽起來非常誘人，讓許多人紛紛追求奢華的物質享受，結果卻往往是用明天的錢來產生今天的泡沫，而必須支付更高代價，才換來奢侈「享受」（貸款購物必須付利息）。其中，信用卡消費便讓華爾街消費性信貸模式到達登峰造極的地步。

當今許多美國人在華爾街鼓勵提前消費、消費性信貸的模式下，不只政府積欠巨債，一般人也高舉債務。使用信用卡在許多美國人的日常生活中幾乎不可或缺，大有「一卡在手，走遍天下盡無憂」之便利。

　　凡事都有兩面性，信用卡也不例外。試想，一張小小的塑膠卡，既能當金錢，有時還可替代身分證，對於善用它的人來說，就處處是優點；但若使用不當，麻煩也接連不斷。說得誇張一點，一旦掉進信用卡陷阱，想掙脫，何其難！

　　所以，當信箱裡躺著 Pre-Approval（預先核准）的信用卡時，美國人處理它的方式也因人而異。已覺醒的購物狂會拿起剪刀，恨恨的將其攔腰一剪，馬上扔進垃圾桶；涉世不深的大學生，就會興高采烈的撥打電話給發卡機構，要求立刻生效；而有些人既不恨也不高興，將卡隨手一丟，不出幾天就忘了。

　　不管人們以何種方式處理信用卡，你是否想過，信用卡是如何發明、如何走進千家萬戶，又是如何影響著人們的生活，以至於整個社會及全球的消費習慣呢？

第一張信用卡，跟「吃」有關

　　信用卡（Credit Card）其實就是一種信貸。信用（credit）一詞來自拉丁文，是「信任」的意思。三千多年前，信貸在西亞古國亞述（Assyria）首次開始使用；到了十四世紀，由於頻繁的商業活動和經濟發展，建立起鈔票的先驅──匯票。那時，債務大多是以三分之一的現金和三分之二的匯票結算，使用紙幣則是十七世紀之後的事。

　　當人類的商業活動發展到十八世紀時，誕生一種新興的職

業——推銷員。早期的推銷員主要遍布於衣飾店，以推銷服裝換取微薄的週薪。

為了方便記錄或計算客戶購買物件的數量，以及付款和賒帳的狀況，推銷員在買賣過程中，就以符木（Tally，記事工具，通常為木製或骨質，也有石製）正面記錄賒帳數額，反面則記錄付款的數額，符木這種早期信用賒帳的購物雛形就此建立。而 Tallymen（推銷員）這個詞一直沿用到二十世紀初，後來才改稱 Salesmen。

根據《大英百科全書》記載：「信用卡起源於 1920 年代的美國，個別行業，例如石油企業和連鎖酒店等，發放信用卡給他們的客戶……。」

1920 年，出現一種類似金屬徽章的籌碼，上頭寫有「先購物，後付款」的購物牌——賒帳購物系統被引進美國。當時，美國一些商店和餐飲店為了招徠顧客、推銷商品、擴大營業額，便選擇性的在一定範圍內發放信用籌碼給顧客。不過，購物牌僅限制在發行的商家或加油站，憑信用籌碼購賒商品，並按期付款。這就是信用卡的前身。

據說，**第一張信用卡是大來俱樂部**（Diners Club，英文原名意為「食客俱樂部」。現為大來國際信用卡公司〔Diners Club International〕，為發現金融〔Discover Financial〕旗下子公司）**發行**，這張卡的發明者是大來俱樂部創始人法蘭克・麥克納馬拉（Frank McNamara）。有關他的發明，網路上流傳著許多不同的故事，都與吃飯緊密相關。後來，他的信用卡公司便用了與吃相關的

名字。

　　故事是這樣的：有一次，法蘭克請客吃飯，卻忘了帶皮夾，付帳時尷尬萬分。通達的老闆解圍說：「我知道你信譽一向非常好，下次來再一起付吧。」這場意外啟發了法蘭克。

　　他和朋友雷夫・施耐德（Ralph Schneider）合作，在紐約創立大來俱樂部，為 200 名會員發放證明身分和支付能力的小卡片，擁有這張小卡片，便能不帶現金在紐約 27 間飯店用餐，之後只要和大來俱樂部一次性清帳就可以。這就是後來的大來信用卡公司，也是第一家信用卡公司。

　　不過，這種每個月結清全部欠款的方式，從技術上來說只能算是收費卡，而非信用卡。**信用卡的資訊時代，是從 1970 年標準磁條建立後才開始。**

　　磁條是 1960 年代初期的產物，由倫敦交通管理局首先安裝了磁條系統，到了 1960 年代末，美國舊金山灣區（San Francisco Bay Area）捷運局也安裝了磁條系統，並用硬紙做成與信用卡尺寸相同的通行卡，磁條資訊時代便由此開啟。正因為磁條技術的推廣使用，信用銷售商品與服務才能暢通運行。

　　然而，信用卡能走進美國千家萬戶，其實有個漫長過程。在美國，信用卡發展至今——消費性信貸額達 17,000 億美元，這一步總共走了五十多年。

當心！信用卡公司設下的陷阱

1958 年，第一張真正的信用卡 BankAmericard 在美國廣泛發行（1959 年允許慢慢支付信用卡餘額，1977 年改為 Visa 卡）。1960 年代初，信用卡的廣告大多針對在外旅行的推銷員，目的並非真正的消費性信貸。廣告商「一卡在手，簡便旅行」的口號，一夜之間就使美國運通和萬事達卡公司（Mastercard Incorporated）取得了巨大的成就。

當信用卡發展到 1970 年代中期，賺錢圖利的目的開始取代方便攜帶與流通的初衷。**由於信用卡行業競爭激烈，信用卡商往往以提供獎勵等手段吸引新用戶**，例如累積飛行點數贈送免費機票和禮券，或是返還現金（根據年消費額，每年最高有 1% 的現金回饋）。然而，面對信用卡高額的罰款利息，這些獎勵也就顯得微不足道了。

凡事都要從小處做起，消費習慣也要從小「培養」。信用卡商為了圖利，郵寄大量的宣傳廣告給涉世未深的大學生，甚至在大學門口擺攤位，以贈送各種禮物為誘餌，誘使還未踏上社會的大學生掉入陷阱。只要一上鉤，這些少不更事的年輕人少則 10 年、20 年，多則一輩子，都將深陷信用卡陷阱而無法脫身。

美國的這套宣傳手段也蔓延至中國。2017 年 8 月，中國全國大學生信用大使聯盟及中國人民大學信用管理研究中心，聯合發布的《2017 中國大學生信用現狀調研報告》指出，如今中國有 22% 的

大學生使用過分期消費。大學生大多無收入來源，一切費用均來自父母。發卡銀行為追求發卡量，不負責任的在各大學向大學生發放信用卡，而在學中的大學生根本無法負擔人民幣 3,000～5,000 元的可透支額度，最終還是要由父母為其超額消費買單。

最恐怖的是，一旦養成這種消費習慣，便難以脫身。信用卡商誘使年輕人上鉤的慣用手段，大概有以下這幾種：

陷阱之一：現在欠款沒關係，畢業後一定能還清

當年「先購物，後付款」的口號發展到今天，變成誘惑美國年輕一代採用消費性信貸，特別是 18～24 歲的大學生。畢業後 5 位數年薪的前景，足以誘使年輕學生掉進透支的陷阱而不自知，使大批學生還未出社會便已背負債務。

美國西北互助人壽保險公司（The Northwestern Mutual Life Insurance Company）的調查顯示，不包括住房抵押貸款在內，美國「千禧一代」（指出生於 1982～2000 年的人）背負著平均 2.79 萬美元的個人債務，其中最大的債務來源是信用卡帳單。

而根據美國嘉信理財集團（Charles Schwab Corporation）的 2019 年財富報告，近三分之二的千禧一代表示，他們是「月光族」（按：指將每月賺的錢都用光、花光，而無法儲蓄的人），只有 38％ 的人認為自己財務穩定。

陷阱之二：只要支付最低應繳金額，一切都 OK！

在信用卡帳單還款額一欄，持卡人可任選還款方式：全額還清或支付最低應繳金額。如果選擇後者，必定掉進陷阱。當然，2,000美元的信用卡債，如果每個月按時支付幾十美元的最低應繳金額，帳面上絕不會惹麻煩。但是今後 20 年、30 年，就會被高額利息「吃掉」（按：美國信用卡循環利率平均超過 16%，臺灣信用卡循環利率則在 5～15% 之間）。

如果把這筆帳倒過來算，大學生 23 歲畢業，不欠任何債務，每個月定存 55 美元，而不是等到 43 歲才開始存款投資，境遇將會大大不同。

陷阱之三：我需要！

信用卡的信貸額，往往讓年輕人忽視了一個字——「貸」。他們誤以為只要不超過額度，就可以隨心所欲的狂熱消費。美國老太太和中國老太太的故事，曾在中國流行好一陣子，但如今無數美國老太太還沒來得及進天堂，就已經搬出了大房子。

加州有一對夫妻，夫婦倆帶兩個孩子外加一隻狗，住著三百多平方公尺（按：約九十多坪）的大房子，進出靠三輛車：上班日夫妻各開一輛，週末全家出遊時開另一輛大車。後來，男主人失業，無法找到薪資相等的工作，硬撐了一年後不得不拍賣房子，搬入九十多平方公尺（按：約 27 坪）的公寓暫住。

近幾年在美國，這樣的故事屢見不鮮。

不過，有意思的是這對夫妻在搬家前有場大出清，令人嘆為觀止。走進佶大的院子，首先映入眼簾的是一排電腦，共十來臺，電腦邊擺放著四臺平面大電視、四套音響；遊戲機、遊戲軟體及其配件應有盡有，足以開一家小型電器商店。很顯然這一堆東西屬於家中的男主人。而女主人的鞋子們也不甘示弱，五顏六色、款式各異有將近 200 雙，外加無法計算的各式衣褲，有些甚至連標籤都還未剪掉。

這個家庭的經濟狀況正好似美國加州的縮影，進入破產的倒數計時，而整個美國的現狀又恰似加州。與其說那對夫婦舉行的是搬家大拍賣，倒不如說是他們對借貸消費方式的全面清算，是奢華消費模式的全面清倉。這正應了那句老話：「出來混遲早要還的！」

陷阱之四：只是拖延一點時間，並沒有不還款啊！

信用卡商慣以低利率來吸引新客戶。但是，低利率通常只鎖定在前 6 個月，或是前 12 個月。如果不按期支付欠款，罰款利息便可以高達 24％，甚至 30％，包括花旗、美國銀行這些大型金融機構，簡直就像從前放高利貸一般。

這些唯利是圖的信用卡商，為追逐利潤不擇手段，圖利的計算已從簡單的迴圈信貸形式，發展成複合作用、平衡各種不同利率的複雜性金融工具。發卡機構往往誘惑人們把其他機構的信用卡餘額轉移過來，答應在一定期限內（通常為 3～6 個月）給予相對較低的利率。但事實上，這個期限一旦過去，發卡機構便有權任意調升

利率，持卡人被迫做了這樣的調整，幾個月之後便發現利率大幅跳升，連跳腳都來不及。

消費性信貸的產物：卡奴

但美國消費性信貸模式已然成形。2018年，有21%的人表示他們的信用卡債務比應急儲蓄金額要大。根據美國聯準會的資料，截至2018年12月，美國信用卡債務達到8,700億美元，是有史以來的最高金額。信用卡餘額較上一季度增加260億美元。

據研究機構creditcards.com的行業分析師泰德・羅斯曼（Ted Rossman）表示：大約僅40%的美國人有足夠收入償還他們的債務，且每個月都全額付清。然而，對於剩下的60%人來說，較高的信用卡債務意味著每年要支付數百美元的利息，且信用評分可能很低。如此一來，信用卡公司及銀行的損失也是巨大的。

例如2008年時，美國運通公司第三季度被迫宣布15億美元虧損；美國銀行也銷帳30億美元，比2007年同期增長50%。當時美國銀行發言人表示：「……恢復盈利需要一段時間。」

羊毛總是出在羊身上，銀行和信用卡公司恢復盈利的手段就是上調利率。根據信用卡消費組織的一項調查發現，37%的信用卡公司紛紛上調利率，即使對信用紀錄相對較好的消費者也是如此。

這一懲罰性的手段，迫使一部分家庭和個人走向破產。2008年，多達130萬美國人申請破產。

根據紐約聯儲資料顯示，其總負債額已經升至 13 兆美元。美國人確實在花錢，但他們所花的錢都用來還信用卡債務了。資料顯示，僅僅在 2017 年第四季度內，美國民眾信用卡卡債總額就增長了 240 億美元。美國信用卡市場或將面臨崩盤的命運。

比較「幸運」的是美國消費者有破產保護法，一旦個人或家庭無力償還貸款，可以申請破產保護，債主便不能再逼債，得由法庭出面做合理的判決，使破產者有重建信用的機會。因此美國（與加拿大）被債務逼迫而導致親情破裂或自殺的案例較為少見。

但中國不同於美國，還不起債無法申請破產保護。在中國，兒子欠債老爸還，老爸欠債全家還，幾乎是天經地義的事情，有許多家庭因而感情破裂。

臺灣比中國更早使用消費性信貸模式，「卡奴」一詞便源於臺灣。臺灣的金融機構將連續三個月無力償還銀行最低應繳金額的消費者定義為「卡奴」，臺灣「卡奴」已近百萬之多。年老的奶奶因卡債殺死自己的親孫女，年少的主婦因卡債攜子女跳樓自殺等，許多真實事件都觸目驚心。

卡奴絕望的掙扎在「自殺—犯罪—抗爭」的邊緣，因為卡債逼人，有人流落街頭成為遊民，更多的卡奴因債臺高築而陷入憂慮症的邊緣。他們的命運不僅反映出人性的弱點，更顯現卡奴帶給社會的危害。

華爾街創導鼓動的消費性信貸模式，也在中國開花結果。儘管中國在 1985 年才發行第一張信用卡，全面普及信用卡大約在 2003

年。只短短幾年工夫，「用明天的錢圓今天的夢」已令無數民眾在房貸、車貸、裝修貸款、旅遊貸款、信用卡等信貸產品的衝擊下，淪為房奴、車奴和卡奴。

而**信用卡消費的最大宗商品就是汽車**。中國某些「專家學者」稱，與美國相比，中國信用卡規模占銀行總資產規模的比重仍然較低，儘管信用卡信貸總額已經接近人民幣 7,000 億元，但相比美國只有其八分之一，真正有潛在風險的信貸額度僅占很小比重。因此，美國信用卡危機對中國信用卡產業的負面影響是可控的。

畢竟，汽車作為整個經濟的消費產業，能夠帶動一百多個行業，諸如鋼鐵、電子、化工、橡膠工業和玻璃工業，汽車座椅還可以帶動紡織業和製革工業。

於是車市淡季時，各銀行紛紛呼應「專家學者」的分析，深圳發展銀行推出個人貸款超值解決方案，以車貸新產品吸引消費者：北京賓士頭期款僅需 25%，可享受 5 年超低息貸款，或者選擇頭期款 50%，第二年還清貸款，優惠免息買車。

以中國招商銀行獨家推出的「車購易」方案為例，欲買車的消費者最低只需月付人民幣 1,250 元，就可輕鬆擁有豐田 Yaris 或 Camry。有些銀行更為信用卡用戶提供「零利息、零擔保、零房產、零手續費」的多重優惠條件，最快兩天即可交車，也無需提供繁瑣的審查資料。

中國銀行和深圳發展銀行就推出了「直客式」車貸，這一貸款形式是以汽車為抵押，貸款期限最長可達 5 年，使消費者能夠繞開

許多中間環節，直接省卻 5％ 的購車費用。

　　各大銀行新招頻頻，而雨後春筍般破土而出的汽車金融公司也不甘示弱，例如：通用汽車金融（General Motors Financial Company, Inc.）、大眾金融及福特金融等。一場搶占車貸客戶的拚搏便就此展開了。

　　汽車金融公司的優勢在於頭期款比例低，甚至可以零頭期款，貸款時間長，貸款利率卻比銀行高出 3％。當時商業銀行的利率是 7.36％，汽車金融公司的利率就要收取 10.36％。一般商業銀行的貸款利率為 7.02％～8.02％，通用汽車金融卻要收取 13.71％，幾乎是商業銀行的一倍。

　　以通用汽車金融公司來說，美國通用汽車（GMAC LLC）占了 40％ 的股份。他們先用低頭期款誘使客戶上鉤，再以高利率咬住客戶，貸款時間拖得越長，他們就賺得越多。許多消費者根本不懂利

車廠	車款	分期數	手續費	分期總金額	頭期款
廣汽豐田汽車有限公司（Guangzhou Toyota Motor Co, Ltd.，簡稱廣汽豐田、GTMC，成立於 2004 年 9 月，由日本豐田汽車公司和廣州汽車集團股份有限公司各出資 50％ 組建的汽車製造公司）	Yaris、Camry	12 期 24 期 36 期	5％ 9.5％ 12.5％	人民幣 4～15 萬元	不得低於購車價格的30％

▲ 車購易官網的價格政策。

率的殺傷力，往往等手續辦理完畢，才感覺被高利貸套牢，此時後悔也沒用。

明天的錢圓今天的夢，泡沫最終會破滅

消費性信貸的危害，就在於扭曲了市場真正的供求關係，使原本毫無購買力的消費者，靠銀行信貸似乎擁有了「能力」，令市場「那隻看不見的手」失去自動調節的作用。

在銀行工作過的人都知道，銀行可以透過貸款「創造」貨幣。舉例來說，假設銀行給甲客戶房貸人民幣 100 萬元，該客戶帳上就被記入 100 萬。這 100 萬還是存在銀行的帳上，於是，銀行就可以把這筆貸款作為甲客戶的存款，再次貸給乙客戶，乙客戶也獲得房貸 100萬。但是，這筆錢仍存在銀行裡沒動，因此銀行可以繼續放貸。

在這個過程中，銀行每貸一次款，就同時創造了一筆等額存款，也就創造了一筆等額的貨幣。就整個銀行系統來說，可以在其資本金和存款基礎上無限制的貸款。

由於銀行放鬆信貸，使市場的真正供求關係遭到嚴重扭曲。比方說，原本年收入人民幣 10 萬元的家庭，只買得起 50 萬的房子，但在低利率房貸的支撐下，「變」得能夠支付七、八十萬，甚至是100 萬的房子；本來要存好幾年錢才買得起的賓士，只要向銀行貸款，立刻可以把賓士開回家。

通貨膨脹就是這樣形成：借款人和貸款人全都信心百倍，因而

推動借貸額持續升高，也就是所謂的流動性過剩，形成通貨膨脹。

這看似是一筆皆大歡喜的買賣——銀行賺利息，一般百姓則可以「用明天的錢圓今天的夢」，先享受後付款。但「出來混遲早要還」，銀行貸款就像鐵鍊一般環環相扣，一旦借款人喪失還貸能力，鐵鍊的一環便斷裂，銀行帳面出現窟窿，當到達某個點後，泡沫就會突然破滅，遊戲也就玩不下去了。

美國通用集團為了與日本車廠搶客戶，推出以零利率、零頭期款為誘餌的銷售方式，使原本 10 年才換新車的消費者無法抵禦誘惑，變成每 3 年換新車，扭曲了真實的供求關係，導致車廠盲目生產汽車。結果金融海嘯一來，消費者還不出欠款，導致通用汽車巨額虧損，又因其「大到不能倒」，不得不靠納稅人輸血。美國財政部於 2008 年注資 50 億美元「救助」通用公司，2009 年 5 月又追加 75 億美元。

世界各國都為金融危機付出了沉重的代價，金融危機後的我們更該明白：經濟發展欲速則不達。由於過度放鬆信貸，人為刺激經濟，造成房市、股市猛漲的榮景，就好似海市蜃樓，金融危機遲早來臨；而當危機來臨後，又期望人為縮短其過程，不惜巨額赤字刺激經濟復甦，甚至想跳過必經的通貨緊縮期，更加徒勞一場。殊不知，**「救助」、「刺激」經濟的手段，本身就是造成這次危機的根源**，下一個更大的危機正在醞釀之中。

經濟學界因為害怕引起恐慌，往往刻意迴避使用「通貨緊縮」這個詞。事實上，在特定情況下，適度的通貨緊縮是件好事，尤其

在經濟復甦的當口，通貨緊縮能使供求關係漸漸趨於合理；對企業加快固定資產投資、發展生產都有好處。**經濟的通膨和通縮，就像月圓月缺和潮漲潮落那樣自然，人為調控只能舒緩一時，而潮漲過度便會形成海嘯。**

下一節，我將舉兩個北歐國家的例子，一個是挪威，一個是冰島。後者學美國「金融化」，走虛擬經濟發展的路，導致國家面臨破產；前者則踏踏實實發展生產，靠儲蓄節儉而成為全球最富足的國家。

4 | 挪威經驗與冰島教訓

一位曾到挪威出差一段時間的朋友，回來後抱怨：在挪威，早上 10 點以前根本買不到咖啡，因為咖啡店最早 10 點才開始營業，而傍晚 6 點又早早休息了。如果是星期天，街上的商店統統關門，不像紐約，早上 5、6 點就能買到咖啡，即使是凌晨 1 點，一些連鎖速食店依然販售著咖啡。

另一位遠嫁瑞典的朋友則告訴我，瑞典的上班族一年之中，幾乎有半年都在休假。為什麼？一方面，政府機關和政府所屬單位會在每年的 6 月至 8 月之間，給員工放一個月暑假，特別是歌劇院、圖書館、博物館這類由國家管理的文化機構；另一方面，民營企業雖然只放三週暑假，但他們會在聖誕、新年時再放兩週假，所有的假期都是有薪休假。除此之外，還有特休假、病假與事假等，粗略一算，不就是一年時間半年假嗎？

北歐福利好我早有耳聞，但沒想到能這麼好！夏季時，上班族父母可以跟孩子一起放暑假，找一個度假的好去處，在沙灘享受日光浴、海面上盡情衝浪、度假別墅裡放鬆身心、培養父母與子女之

間的感情。這麼長的假期，北歐國家又離得近，即使來一場跨國旅遊也未嘗不可。

　　挪威人對賺錢沒那麼迫切，而瑞典人的假期福利十分優渥，似乎在這兩個國家都看不見市場競爭的影子，難道是北歐人太「懶惰」了嗎？

挪威汽車廣告，不得使用綠色、環保等字樣

　　擁有堪比平原優秀經濟形勢的挪威，是實實在在的「山國」。挪威是一個狹長的南北走向國家，斯堪地那維亞（Scandinavian）山脈貫穿全境，多高原、山地與冰川；地質方面則多是花崗岩、片麻岩、板岩與砂岩，土壤貧瘠。

　　由於挪威的緯度高，晝夜時長隨季節波動較大，5月下旬至7月下旬能達到20小時的晝長，而11月下旬至1月下旬時晝長又極短。這樣日夜分明的自然環境，使挪威人養成愛好戶外活動、珍稀資源、勤儉節約的好習慣。挪威街頭巷尾開設許多二手舊貨商店，其對於勤儉節約的態度可見一斑。

　　1960年代，挪威大陸棚發現石油與天然氣後，石油與天然氣成為挪威經濟發展的重要驅動力。根據調查，當時石油與天然氣的出口收入占總出口的45％，只少於俄羅斯與沙烏地阿拉伯這兩個石油出口大國，但出口只占挪威GDP的20％。

　　照理說，**挪威石油資源豐富，人均石油更是排名世界第一，**

又毗鄰世界汽車生產大國——德國，完全有能力發展汽車工業。挪威卻彷彿看不見這個巨大的收益口，相反的，政府還鼓勵民眾出門盡量騎單車或步行。挪威首都奧斯陸（Oslo）更是公費購買大量單車，供民眾免費使用，該地擁有全世界最便捷智慧、分布密度最高的 Oslo Bysykkel 自行車租賃系統。

而挪威的都市與郊外相距不遠，也是一個很適合騎行的城市。挪威街頭鮮少見到豪華汽車，人們也不認為開豪華汽車是令人豔羨的事情。

無論是多小的習慣與傳統，都必須從小培養，挪威更是幾十年來踐行此理。**「步行上學」一直是奧斯陸市政府的市政規畫。**居住奧斯陸的家庭，父母不得開車將孩子送至學校，而家長則採取輪流制，每天由一名家長護送孩子們到學校。這樣既能保證孩子們的安全，也遵守奧斯陸市政府的規定。

為了保證孩子們的出行安全，奧斯陸市政府也做了諸多努力。例如：政府立法提高道路交通的暢通度、確保步行路線的安全，即使是市中心也不例外。挪威的自然環境與政府的正確引導，使挪威人一直保留著徒步遠足與滑雪等代代相傳的傳統習慣。

在挪威人眼中，沒有所謂的「環保車」，只要是車，就不存在「綠色環保」。在挪威，汽車廣告必須是「真相廣告」，會受到消費者監察使監管。例如 2008 年 1 月發布的限制規定，**凡是汽車廣告一律不得使用「綠色」、「清潔」、「環保」等與事實不符的字樣。**

而中國則完全相反，幾乎年年舉行汽車廣告評選活動，「挑戰

未來」、「尊貴」、「時尚」、「動力」是汽車廠商最愛的字眼，而對於汽車造成的環境嚴重汙染，顯然不在車商的考慮範圍。他們投放幾十億、幾百億的廣告費，目的只有一個——賣車創造利益。投入大筆金錢做「真相廣告」，簡直就是傻瓜的行為。

如此一來，便導致中國二氧化碳年排放量達到了 10,357 萬噸，是世界上碳排放量最多的十大國家之一。2018 年，全球二氧化碳排放增長 1.7％，排放總量達到 331 億噸，創歷史最高水準。其中，中國在這一年的碳排放增長 2.5％，總量達到 95 億噸。

可是，挪威卻制定法律，禁止模糊的廣告用語誤導民眾。因為汽車造成環境汙染是毋庸置疑的事實，保護環境人人有責。不但挪威人愛騎車，連比利時的布魯日（Bruges，為一港口城市）、荷蘭首都阿姆斯特丹（Amsterdam）等北歐城市，路上也多是騎車之人，汽車稀少。仰望這些城市的天空，所見都是藍天白雲。相比之下，北美的空氣就不及北歐清新。

由於北美地廣人稀，城市的規畫模型為郊外居住，開車或坐火車至商業中心上班，唯有紐約曼哈頓沒有郊區化，因此汽車文化使曼哈頓的交通幾近癱瘓。1990 年代初，當時的紐約市長戴維・丁金斯（David Dinkins）曾派團到上海，向自行車大城上海取經，鼓勵民眾放棄私家車，騎車或坐公車上下班。由於政府的積極疏導，曼哈頓的交通狀況才得以緩解。

而如今，上海倒像當年的曼哈頓，從美國學習的汽車文化，幾乎使上海變成巨大的停車場，汽車舉步維艱，反而降低了生產效

率。中國人口眾多，且正邁向城市化，人均石油資源又匱乏，發展
汽車工業使許多原本空氣潔淨的城市，反而成為不適宜居住地。

　　發展公共交通、提倡騎單車，才是節約能源、用好能源、不被
金融霸權掐住脖子的有效手段。在這點上，挪威的經驗就顯得更加
可貴。

工作不為謀生，而是為社會貢獻

　　石油出口為挪威政府帶來巨大的財富，面對這筆錢，挪威政府
既沒有不知所措，也沒有揮金如土，反而將挪威人勤儉節約的傳統
發揮到極致。他們理解石油資源終究有限，依靠石油出口的收入生
活並不穩定。此外，挪威的人口高齡化也十分嚴重。

　　於是，**挪威政府將所有石油出口的收入都存入一個主權財富
基金帳戶——全球政府養老基金**（Statens pensjonsfond Utland，
縮寫為 SPU，前身為政府石油基金〔The Government Petroleum
Fund〕），為挪威人的退休養老生活及早打算。

　　目前，挪威政府養老基金已成為世界上最大的投資基金，截至
2017 年底，總資產達 9,989 億美元，超過排名第二的中國養老基金
（總資產 9,000 億美元）以及第三的阿布達比投資局（Abu Dhabi
Investment Authority，總資產達 8,280 億美元）。

　　然而，挪威政府養老基金的投資選擇也極具道德準則。例如，
該基金不得投資於生產核武器的企業，這種高度透明的投資計畫受

到國際社會的讚揚。不但投資具有規範準則，使用基金也有預算。政府明確規定，每年從基金提取的資金不得超過基金數額的 4%（4% 為基金正常的回報率）。

此外，挪威政府在工資制定上也堪為表率。**挪威每小時的生產率水準及平均小時工資是世界最高**，社會平等的價值觀，確保公司首席執行官的薪酬與工人最低工資的差額，一般相差 2～3 倍，不得超過 7 倍。這點也體現在挪威的低吉尼係數之上（按：2019 年時為 0.277）。

社會財富的相對平均分配，使挪威人都能接受良好教育，公民有權免費接受小學、中學和大學教育，因此人人有工作，個個心理平和。**對挪威人而言，工作不是謀生手段，選擇自己感興趣的工作，體現個人價值觀的同時又為社會做出貢獻，才是挪威人上班的目的。**

有鑑於此，即使**金融風暴過後，挪威 GDP 在西方已開發國家中為最高，失業率卻是最低的**，僅僅為 2.6%（2009 年 10 月，美國失業率為 9.7%，加拿大為 8.3%，英國為 7.8%）。

反觀中國改革開放 40 年，國家富裕了，但一般人的生活水準是否真正提高了？政府投資於改善農村孩子讀書、上大學的措施，具體落實了多少？ 教育的意義大家都知道，這裡不多作解釋，不過挪威社會平等的價值觀和極小的貧富差距，很值得各國借鑑。

2010 年，加拿大「商業繁榮潛力指數」預測未來 10 年經濟將繁榮發展的 30 個國家。這項排名是根據經濟合作暨發展組織

（Organization for Economic Cooperation and Development，縮寫為 OECD）提供的資料，從各個地區的人口、貿易、能源、科技和教育等方面，預測未來經濟可持續發展的國家名單：挪威名列第二，排在瑞典之後，芬蘭則名列第三。

就排名顯示，前三名都是北歐國家，而我們熟知的經濟強國美國，僅排在第 12 名。

如果說挪威由於得天獨厚的地理位置與運輸技術的取向，免受美國與其他歐洲國家生活的影響，經濟發展潛力比美國大，還尚可接受。但為何挪威能免受金融霸權的控制？根本原因在於挪威人有著自己的價值觀與傳統，絕不可能輕易被腐蝕，即使是金融霸權也無可奈何。

保持傳統飲食習慣，糖尿病死亡僅 2%

因為挪威人不開車、喜歡徒步、愛好運動的習慣並未改變，傳統的飲食習慣也沒有被速食文化入侵，挪威人的菜單依舊被魚、馬鈴薯、肉和蔬菜占據著。

受自然地理環境的制約，北歐地產貧瘠、物價高昂，幾乎所有北歐人在飲食方面都十分節儉，挪威也不例外。他們很少外食，但無論是在家中用餐、上班時帶的便當，或附近商店購買的午餐，無一例外都是分量很小的「Matpakke」（按：指盒裝或袋裝午餐，通常由 3～4 片麵包組成，夾有肉、魚、起司、蔬菜等餡料的多層三明

治）。挪威的餐廳數量比美國少很多，飯食的量也小很多，美國一人份的菜相當於挪威的三人份。因此，**直到現在，美國的速食連鎖也沒有在挪威打開市場。**

至於華人的飲食文化久遠深厚，以五穀雜糧為主食，搭配蔬菜瓜果、河鮮飛禽，運用多種烹飪方法使之色香味融合，是難得的佳餚。中國八大菜系美名遠播，眾多傳統名菜不僅受到中國人的喜愛，也得到許多外國人的讚譽。但面對美國速食文化的侵襲，中國人卻拋棄傳統的中國美食與健康的飲食習慣，而讓美國的垃圾食品在中國氾濫成災。

截至 2010 年，肯德基第 3,000 家餐廳在上海開業；截至 2019 年 1 月，麥當勞在中國擁有近 2,400 家門市。這類典型的美式速食，主要包括漢堡、炸薯條、炸雞塊與各種碳酸飲料，是高脂肪、高熱量、高油脂的代表。長期食用這類垃圾食品會造成身體極大的負擔。酷愛垃圾食品的美國前總統柯林頓，五十多歲時心血管堵塞了 80％，不得不多次進行心臟手術，可見垃圾食品的危害。

但許多人似乎並未意識到垃圾食品的危害，諸多影視作品將去肯德基、麥當勞、必勝客等速食店用餐描述為時尚行為，而以去美式速食店消費為榮。

可能正是這種飲食習慣，促使中國糖尿病人增長速度達到世界第二。北京 45 歲以上的人患糖尿病的比例高達 16％，同時還有大量潛在糖尿病患者。這一比例比肯德基、麥當勞、必勝客的發源地美國還要高。

　　根據世界衛生組織的報導，截至 2016 年，糖尿病估計直接造成 160 萬人死亡，死亡人數中有超過半數發生在 70 歲之前，這一年糖尿病被列為第七大主要死因。美國曾一度是糖尿病爆發的重災區，1990～2007 年，美國每 100 名成人當中就有 7.8 例新診斷糖尿病患者，其中因體重超標而患糖尿病的占比較高。

　　另一方面，挪威人不論是用餐的量還是內容，都比美國人健康得多，自然減少得病的可能。

　　美國人在得糖尿病後，除了要應對高昂的醫療費用，還要在家庭、醫院與工作單位間疲於奔命，個人的生活品質也隨之下降，但這些煩惱挪威人都沒有。**挪威糖尿病例在西方國家中是最少的，僅 3.6%**。根據世界衛生組織 2016 年國家概況顯示，**挪威人的死因構成中，糖尿病僅占 2%**。

　　社會平等的價值觀、最低工資的差額、低失業率及完整社會保障制度，使挪威受金融危機的影響極其有限。相反的，收入差距越大的西方國家，受金融危機衝擊的影響也就越大。為什麼？

　　以美國為例，美國富人是金字塔頂端的極少人群，雖然擁有大量財富，但終究只是一個平凡人，既不能一天吃多次大餐，也不可能同時開多輛豪華汽車；而美國的普通民眾，連買一個屬於自己的房子都困難，更不用說購買豪華汽車了。

　　通常嚴重的金融危機必定伴隨著通貨膨脹，而通貨膨脹則直接降低普通民眾的收入，削弱他們的購買力。嚴重通貨膨脹其中的一個原因，就是美國社會鼓勵提前消費。生活品質高於銀行存款的信

念被吹捧，98％ 的窮人（在美國，中產階級與窮人僅相差三個月工資）為了能擁有舒適的住宅、快捷的交通工具，提高自己的生活品質，主動向 2％ 的富人借貸。而富人的每一分錢不僅關乎窮人的生活，又與金融系統的運轉緊密相連。

危機過後才可看清，挪威的經濟模式是人類社會的典範，量入為出、勤奮工作，社會財富才能累積增長。

而與此相反，指望「金融化」天上掉餡餅，北歐另一個國家冰島就是個反面教材。正是「金融化」這一借貸模式，差點把冰島「融化」了。

亟欲甩掉「歐洲最貧窮」標籤，冰島陷入困境

冰島與挪威同為北歐國家，曾是名列世界第七的富有國家（按人均 GDP〔名義〕54,858 美元計算），同時也是世界第五大（按 GDP 平價 40,112 美元計）購買力生產國。雖然冰島是高度發展國家，但在歐洲，它仍然屬於新興的工業化發展國家。

二十世紀初，冰島在歐洲國家中是最貧窮的。**冰島的經濟發展始於第二次世界大戰後，工業化捕魚和馬歇爾計畫**（The Marshall Plan，官方名稱為歐洲復興計畫〔European Recovery Program〕，是二戰後美國對戰爭破壞後的西歐各國進行經濟援助、協助重建的計畫）**的援助，再加上採用凱因斯主義**（Keynesianism）**──政府管理、干預經濟的政策**，冰島經濟快速起飛。

　　強勁的經濟增長，使冰島近幾十年剛擁有現代化基礎設施。冰島除了有豐富的水電和地熱發電資源外，天然資源很缺乏；國內經濟高度依賴捕魚，目前 40％ 的出口收入依然仰賴漁業生產。

　　就像杜拜由於石油枯竭，導致國家依賴建築打造旅遊業一樣，隨著魚類種群不斷減少及魚類製品市場價格下跌，冰島經濟也變得相對脆弱。

　　1992 年，冰島加入歐洲經濟區（European Economic Area），開始實行經濟多樣化。冰島經濟擴張伸向了製造業和服務行業，旅遊部門擴大養殖鯨魚以吸引賞鯨的遊客，軟體生產、生物技術和金融業發展也很迅猛，特別是金融業。

　　在冰島的酒吧，當地居民見到外國人很冷靜、很謹慎，但當大家一聊開，便可知道冰島人十分自豪於其民族文化遺產、科學技術和傲人的經濟成就。

　　原本冰島經濟多樣化的發展模式無可厚非，甚至非常明智。但由於**冰島太想超越歐洲等其他國家，甩掉它歐洲最貧窮的帽子，急於求富的心態，導致冰島人不再願意腳踏實地做事**。冰島政府在 2003 年做出一個重大的錯誤決定：擱置其負有盛名的捕魚業，建立一個全球性的金融強國。

　　事實上，冰島的困境源於 1990 年代，採取新自由主義和自由放任的經濟政策，緊跟美國經濟模型，2001 年解除了銀行嚴格的監管制度。這個籠套一鬆解，為國家瀕臨破產埋下了一顆定時炸彈。

　　近年來，**冰島銀行業實行海外擴張策略，從華爾街學來加大槓**

桿比率的絕招，為國家帶來 「近乎童話」的成長率和盈利能力。正可謂「成也蕭何，敗也蕭何」，過度的金融槓桿成了拖垮冰島經濟的罪魁禍首。

當冰島在過去幾年間，經濟高速發展的時候，其銀行向海外發放大量貸款，因此銀行成為國內最強大的機構。危機發生前，冰島三大銀行 Kaupthing、LandsbankiIslands 和 Glitnir 的資產規模，總計達到 14.4 兆克朗（約 1,280 億美元），超過 2007 年冰島國內生產總值 1.3 兆克朗（約 193.7 億美元）的 11 倍；而近十多年，冰島外債超過 1,383 億美元，是生產總值的 7 倍，單單冰島四大銀行所欠的外債，就已超過 1,000 億歐元。

冰島國內狹小的金融市場，迫使冰島銀行融資貸款只能來自國內銀行之間的借貸市場，以及吸收冰島之外的存款（這也是某種形式的外債）。

不但銀行舉債，冰島家庭也大量舉債，金額相當於 213％ 的可支配收入。再加上冰島央行向其銀行發放的流動資金貸款，是按新發行的債券（不足以抵償債務），最有效的解決方法便是根據需求濫印貨幣，從而導致通貨膨脹。

金融危機始於美國之時，大家都以為沒有次貸業務的冰島銀行不會受其影響。但是，當華爾街全球化的大金融財團倒閉、奄奄一息，全球金融市場陷入信心危機的冰河之時，貨幣市場的融資活動停滯了，已經全球化的冰島銀行自然無法倖免於難，遭「海嘯」席捲已成必然。

　　冰島學習美國金融化、證券化及寬鬆信貸模式，採取新自由主
義經濟政策，解除針對銀行的嚴格監管制度，私有化銀行部門，採
取高利率吸引外資，迅速擴大國家銀行走向海外市場及降低稅收。
這些經濟政策，使冰島經濟繁榮輝煌一時，被譽為「北歐虎」。但
最終，這頭北歐虎不堪一擊，倒在自挖的陷阱裡。

國家圖書館出版品預行編目（CIP）資料

白話金融：財富自由的基礎知識，利率、股票、槓桿、匯率、房地
產……人人能看懂，天天可活用。／陳思進著 . -- 初版 . -- 臺北市：
任性出版有限公司，2024.02
272 面；17×23 公分 . --（drill；21）
ISBN 978-626-7182-51-2（平裝）

1. CST：金融學

561.7   112019486 drill 21

白話金融

財富自由的基礎知識，利率、股票、槓桿、匯率、房地產……
人人能看懂，天天可活用。

作　　者／陳思進
責任編輯／連珮祺
校對編輯／馬祥芬
美術編輯／林彥君
副總編輯／顏惠君
總 編 輯／吳依瑋
發 行 人／徐仲秋
會計助理／李秀娟
會　　計／許鳳雪
版權主任／劉宗德
版權經理／郝麗珍
行銷企劃／徐千晴
業務專員／馬絮盈、留婉茹、邱宜婷
業務經理／林裕安
總 經 理／陳絜吾

出 版 者／任性出版有限公司
營運統籌／大是文化有限公司
　　　　　臺北市 100 衡陽路 7 號 8 樓
　　　　　編輯部電話：（02）23757911
　　　　　購書相關諮詢請洽：（02）23757911 分機 122
　　　　　24 小時讀者服務傳真：（02）23756999
　　　　　讀者服務 E-mail：dscsms28@gmail.com
　　　　　郵政劃撥帳號：19983366　戶名：大是文化有限公司

法律顧問／永然聯合法律事務所
香港發行／豐達出版發行有限公司 Rich Publishing & Distribution Ltd
　　　　　地址：香港柴灣永泰道 70 號柴灣工業城第 2 期 1805 室
　　　　　　　　Unit 1805, Ph.2, Chai Wan Ind City, 70 Wing Tai Rd, Chai Wan, Hong Kong
　　　　　電話：21726513　傳真：21724355
　　　　　E-mail：cary@subseasy.com.hk

封面設計／林雯瑛　內頁排版／王信中
印　　刷／緯峰印刷股份有限公司

出版日期／2024 年 2 月　初版
定　　價／新臺幣 420 元（缺頁或裝訂錯誤的書，請寄回更換）
I S B N ／978-626-7182-51-2
電子書 ISBN ／9786267182505（PDF）
　　　　　　　9786267182499（EPUB）